행복하게 산다는 것은

강태광의 기독교 인문학 시리즈 6
행복하게 산다는 것은
ⓒ강태광 Printed in Seoul
2024년 10월 10일 1쇄

지은이 | 강태광
발행인 | 박찬우
편집인 | 우 현
펴낸곳 | 생명의우물가

등록번호 | 제313-2006-000085호
서울특별시 마포구 서교동 357-1 서교프라자 318
전화 | 02-333-8311
팩스 | 02-333-8326
메일 | adam3838@naver.com

가격 15,000원 | US 20 $
ISBN 979-11-989538-0-3 (04120)
ISBN 979-11-966154-3-7 (세트)

강태광의 기독교 인문학 시리즈 6

행복하게 산다는 것은

생명의우물가

목차

1부 • 일상에서 누리는 행복

- 미우라 아야코의 행복 나눔_10
- 행복은 마음에…_13
- 포레스트 검프(Forrest Gump)에게서 배우는 행복_16
- 도마뱀의 사랑 이야기_20
- 비교의식은 행복의 적입니다!_23
- 우유 한잔의 인연_26
- 어느 행복한 목사님!_30
- 넉넉하고 따뜻한 눈물!_34
- 죽음을 각오한 사랑_39

2부 • 행복한 삶의 모범들

- 아이티에 뿌려진 행복의 씨앗_44
- 성자 바보 장기려 박사_49
- 우간다의 황색 슈바이처의 행복_54
- 좌절을 거부한 사람_58
- 최고의 유산! 인생 최고의 자산!_63
- 참 행복을 아는 젊은이의 선택_67
- 약점을 극복하는 삶의 행복_72

3부 • 행복을 누리는 지혜

- 감사로 누리는 행복!_78
- 감사가 행복을 만든다!_83
- 감사의 효과_88
- 미소가 행복입니다!_93
- 미소를 연습하라_98
- 칭찬으로 행복 만들기_103
- '자기'를 가꾸면 행복이 자란다!_107
- 행복과 역경지수 기르기!_112
- 난관을 극복하라!_117
- 실패의 가치를 알자!_122
- 효과적인 용서법(REACH)_128
- 긍휼로 흘리는 눈물이 치료제입니다_134
- 마음의 여유가 행복을 만듭니다!_137
- GRIT, 인내지수 그리고 행복!_141
- 끈기와 근성(Grit)으로 누리는 행복!_146
- 과정을 즐겨라!_152
- 공존의 지혜로 누리는 행복!_157
- 감탄하면 행복해진다!_161
- 공감이 행복이다_164

- 나눔이 행복이다!_168
- 행복 장애물을 제거하라!_172

4부 • 이런 행복 어때요?

- 긍휼의 눈물이 행복을 초대합니다!_178
- 꿈으로 설레는 행복_182
- 감탄하면 행복해진다!_186
- 나눔의 행복을 누리는 진정한 부자들!_191
- Mr. 괜찮습니다!_195
- 불 꺼진 아파트_200
- Good Morning이 없는 미국의 아침_204
- 황홀한 행복을 누리는 비결_208
- 변화된 새 아침을 기대하며_212
- 어머님의 여행 준비_216
- 어머님의 유산과 하나님의 공급하심_220
- 신앙인의 노블레스 오블리주_224
- 백악관을 디딤돌로 만든 대통령_228

행복이 피어나기를 바랍니다!

모든 사람은 행복하기를 원합니다
그런데 종종 행복을 멀리서 찾습니다!
그래서 행복을 찾다가 더 지치고 더 불행해집니다

사실 행복은 주변을 서성이고 있습니다
짧은 인생에서 행복을 누리는 사람은
주변에서 서성이는 행복을 잡고
내 삶의 정원으로 초청한 사람들입니다!

이 작은 책에 행복을 만나고 행복을 초청하고
행복을 만들어 가는 사람들의 사연을 담았습니다.

모쪼록 이 책을 통해 행복의 지혜를 얻어
삶의 정원에 행복을 활짝 피우기를 바랍니다.

글쓴이 올림

제1부
일상에서 누리는 행복

미우라 아야코의 행복 나눔
행복은 마음에…
포레스트 검프 (Forrest Gump)에게서 배우는 행복
도마뱀의 사랑 이야기
비교의식은 행복의 적입니다!
우유 한잔의 인연
어느 행복한 목사님!
넉넉하고 따뜻한 눈물!
죽음을 각오한 사랑

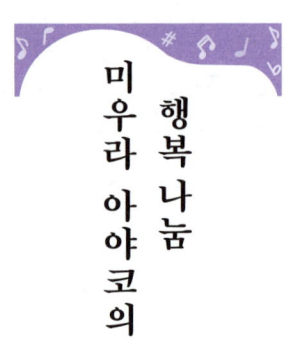

미우라 아야코의 행복 나눔

일본의 어느 가정주부가 남편이 벌어오는 수입만으로는 생활이 어려웠습니다. 생각다 못해서 동네에 구멍가게를 열었습니다. 자신의 소일거리로 또 가계에 보탬이 되는 부업으로 동네에서 작은 가게를 냈습니다. 정직하고 성실한 그녀는 진심으로 손님들을 대했습니다.

타고난 붙임성, 친절하고 상냥한 표정 그리고 정성을 다하는 그녀를 사람들이 알아주기 시작하였습니다. 많은 사람이 찾아오는 그녀의 구멍가게는 그야말로 문전성시를 이루었습니다. 장사는 나날이 번창해 눈코 뜰 새 없이 바빠지게 되었습니다. 물론 수입도 쏠쏠했습니다.

장사하는 재미에 흠뻑 빠지고 있었던 어느 날 직장에서 돌아온 남편이, "여보, 우리 가게 장사가 너무 잘 되어 좋고 감사하기 한데, 이러다간 주변 가게들이 문을 닫지 않을까? 그것은 그리스도인으로서 취할 올바른 자세가 아닌 것 같아. 여보! 우리 집 옆에 있는 가게들을 위해서, 우리가 상품들을 좀 줄여 보면 어때?" 그리고 한마디 더 합니다. "가게에 모든 물건의 구색을 다 갖추지 말고, 손님들에게 다른 집에 가서 사라고 말하면 참 좋을 것 같아."

그녀는 남편의 권면에 감동을 크게 받았습니다. 그리고 남편의 충고대로 가게 진열대의 물건들을 줄이기 시작했습니다. 그래서 사람들이 가게에 있는 물건을 사러 오면 자기 가게에 있는 것은 팔기도 했지만, 없는 물건이 더 많아 옆집 다른 가게로 가도록 했습니다. 그랬더니 옆에 있는 가게들은 점점 장사가 잘 되게 되었고, 이 여인은 여유 시간을 갖게 되었습니다.

여유롭게 장사를 하면서 남는 시간에 글을 씁니다. 자신의 취미인 글쓰기에 시간을 좀 더 많이 할애한 것입니다. 그녀는 열심히 글을 썼습니다. 그래서 세상에 나온 소설이 '빙점'이고, 이 여인은 일본의 대표적인 여류 소설가 미우라 아야코입니다.

당시 미우라 아야코는 원래 등단한 작가였으나 무명이었습니다. 이 빙점이라는 소설을 통해서 문단에 주목을 받고, 독자들의 사랑을 받은 작가가 됩니다. 당시 빙점은 일본을 흔들었던 히트작이었습니다. 미우라 아야코는 나눔과 섬김의 마음으로 행복을 얻었고, 인생의 큰 성공도 거둔 아름다운 이야기를 들려줍니다.

거리엔 성탄절 장식이 요란합니다. 금번 성탄절은 사랑과 나눔의 별들이 반짝이는 훈훈하고 행복한 성탄절이 되면 좋겠습니다. 양보와 희생으로 장식된 성탄절을 기도하며…

행복은 마음에…

다리가 불편한 어느 여대생이 있었습니다. 그 학생은 한쪽 다리가 다른 쪽 다리보다 짧았습니다. 정도가 심해서 목발이 필요한 장애자였습니다. 그 여대생이 다니는 학교는 산 중턱에 자리 잡고 있었고, 그 학교에는 가파른 계단이 유난히 많았습니다. 한 계단 한 계단 목발을 짚고 올라가고 내려가야 하는 그녀의 등하교는 결코, 만만치 않았습니다. 물론 일상의 삶도 쉽지 않았습니다. 그럼에도 불구하고 그 여학생의 얼굴은 언제나 밝았습니다. 늘 행복한 표정으로 사람과 상황을 대하는 것이었습니다.

그러던 어느 날 그녀 곁에서 함께 계단을 올라가던 같은 과 여학생이 그 여학생을 바라보면서 안쓰러운 듯이 말했습니다. "얘, 하나님이 너에게 기적을 베풀어주셔서 너의 그 짧은 한쪽 다리를 길게 늘여주셨으면 좋겠다." 그러자 그 장애인 여대생은 미소를 지으면서 친구의 말에 "아멘!"이라고 화답을 했습니다. 친구는 그녀에게 물었습니다. "너 어떻게 하다가 그런 장애를 가지게 되었니?" 그 여대생은 주저하지 않고 대답했습니다. "응, 어릴 때 소아마비를 심하게 앓았어."

그 말을 들은 친구는 궁금한 점이 있다는 듯이 재차 질문합니다. "그런데도 너는 어떻게 그렇게 늘 행복해 보일 수가 있니? 너 정말로 그렇게 행복한 거야?" 그러자 그 여대생은 이렇게 대답했습니다. "그야 내 마음이 건강하니까 그렇지. 내 몸에 장애가 있다고 해서 내 마음까지 병든 것은 아니지 않니?" 그 여학생의 대답은 두고두고 생각해 볼만 한 말입니다. 참으로 근사하고 멋진 말입니다.

그렇습니다. 행복은 건강한 마음에 있습니다. 행복은 건강이나, 돈이나 명예에 있지 않습니다. 행복은 건강에 달려 있지 않습니다. 행복은 가난해도 누릴 수 있습니다. 행복은 무명의 사람도 얼마든지 누릴 수 있습니다. 행복은 육신이 병들어도, 건강한 마음으로 얼마든지 누릴 수 있습니다. 행복은 마음에서 자라나 우리 삶을 지배합니다. 행복은 마음의 선택입니다.

행복은 결코 환경의 산물이 아닙니다. 행복은 우리 마음에 있습니다. 우리가 육신적으로는 힘들고 어려운 삶을 산다고 할지라도, 우리의 마음이 기쁘고 즐거우면 우리는 행복한 삶을 살 수 있습니다. 마음이 건강하면 행복합니다. 마음이 병들면 불행합니다. 성경은 "모든 지킬 만한 것 중에 더욱 네 마음을 지키라 생명의 근원이 이에서 남이니라"(잠4:23)라고 합니다.

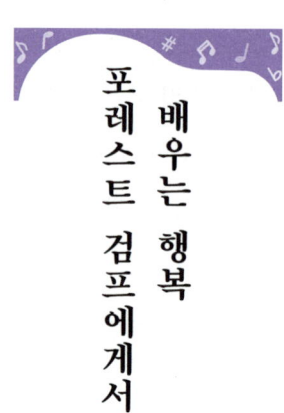

배우는 행복 포레스트 검프에게서

1994년에 개봉되어 세계적으로 화제가 된 포레스트 검프(Forrest Gump)라는 영화가 있습니다. 영화는 포레스트 검프의 어린 시절부터 30년의 세월 속에서 포레스트 검프의 삶을 보여줍니다. 포레스트는 원래 여러 가지 부족함이 있었습니다. 어릴 때 다리에 보조기구를 차지 않으면 걸을 수 없는 장애아였고, 지능도 아이큐 75로 학교 입학에도 어려움을 겪을 정도였습니다.

그런데 포레스트도 가진 것이 있었습니다. 그에게는 자애로운 어머니가 있었고, 아무도 받아 주지 않는 학교에서 유일하게 그를 받아주는 여자 친구 제니가 있었습니다. 무엇보다도 포레스트 자신이 성실함을 갖고 있었습니다. 어머니와 제니의 도움, 그리고 탁월한 성실함에 힘입어 포레스트 검프는 대학교를 졸업하고 군에 입대하여 월남전까지 참전하여 나름대로 전쟁에 이바지합니다.

유달리 빨랐던 포레스트는 전장에서 죽어가는 전우들을 구합니다. 하지만 친구 버바를 잃습니다. 훗날 친구 버바와의 약속을 지키면서 큰 부자가 됩니다. 이런 형편에서 포레스트는 열심히 삽니다. 그는 돈도 많이 벌고 영예도 얻습니다.

하지만 자신의 가장 소중한 친구이자 아내였던 제니의 죽음을 대합니다. 제니 무덤 앞에서 포레스트는 자신의 삶을 돌아봅니다. 인생의 조언자였던 어머니와 군대에서 만났던 댄 장군, 자신의 삶에 큰 영향을 미쳤던 두 친구 제니와 군대 친구 버바를 생각하며 눈물을 흘립니다. 자신의 인생에서 소중한 사람들을 회상하며 눈물 흘리는 포레스트는 행복한 모습이었습니다.

 당초 원작 소설을 영화로 만들려 했을 때 영화사들은 부정적이었답니다. 대중적 관심을 얻을 만한 흥미로운 소재가 아니라고 판단한 것입니다. 그러나 일단 『포레스트 검프』가 개봉되자마자 연일 매진되는 기염을 토했습니다. 그리고 67회 아카데미상 시상식에서 주요 부문의 수상을 휩쓰는 화제의 영화가 되었습니다.

 왜 사람들은 포레스트 검프에 열광했을까요? 포레스트가 보여준 순수함과 신실함 그리고 그것들로 누리는 참다운 승리와 진정한 행복에 대하여 환호했습니다. 포레스트는 신체도 정신도 모자랐지만, 그는 신실했고 더 나은 삶의 결과를 만들었습니다. 보통 사람들의 그것과는 비교할 수 없는 근사한 승리와 행복을 누립니다.

 필자는 포레스트 검프 삶에 박수를 보냅니다. 많은 사람이 명석한 두뇌와 건강한 신체를 갖고도 승리와 욕심의 노예가 되어 비굴하고 치사하게 살아갑니다. 속고 속이며 처절하게 살아갑니다. 그래서 수많은 시험과 경쟁에서 이기는 것 같지만 인생 마지막 지점에서 패배자가 되어 결국 실패자로 인생을 마감합니다. 반면 포레스트 검프는 늘 지는 사람으로 살았지만, 인생 경주 결승점에서 승자가 됩니다. 마지막에 웃는 사람이 진정한 승자입니다. 부자의 상에서 떨어진 음식을 먹던 나사로의 승리처럼 포레스트 검프의 승리는 아름답습니다.

도마뱀의 사랑 이야기

1964년에 개최되었던 동경 올림픽을 준비하던 때의 일입니다. 올림픽 메인 스타디움을 건설하기 위한 공사가 진행될 때였습니다. 올림픽 준비 위원회는 기존 경기장을 확장하는 공사를 하기 위하여 경기장 주변의 집들을 구입하고 그 집들을 헐고 큰 주 경기장 공사를 했던 것이었습니다.

공사 인부들이 건축한 지 3년 된 집을 허는 작업을 하는 도중 그 집의 지붕에서 도마뱀 한 마리를 발견하였습니다.

그런데 그 도마뱀은 그냥 단순한 도마뱀이 아니었습니다. 도마뱀은 꼬리에 못이 박혀 움직일 수 없는 상태였는데도 멀쩡히 살아있었습니다. 혹시 최근에 박힌 못인가 생각하고 집주인을 불러 확인해 보니 3년 동안은 집에 어떠한 수리나 공사도 한 적이 없다고 했습니다.

공사 관계자들은 도대체 어떻게 도마뱀이 아무것도 먹지 않고 3년 동안이나 살아있을 수 있는지 너무 궁금했습니다. 그들은 바쁜 일손을 멈추고 그 도마뱀을 관찰하게 되었습니다. 얼마 동안의 시간이 흐른 후 도마뱀 한 마리가 나타났습니다. 잔뜩 겁을 먹은 도마뱀 입에는 먹이가 물려 있었고 그 먹이를 못에 박힌 도마뱀에게 전달하는 광경을 보게 된 것입니다.

그 광경을 지켜보던 공사 관계자들은 그 지나간 3년 동안 도마뱀들이 주고받은 사랑을 깨닫게 된 것입니다. 부부인지 혹은 친구인지, 혹은 모녀나 부자인지는 모르지만, 못에 박힌 동료 도마뱀을 위해 3년 동안 먹이를 날라다 준 것입니다. 공사가 진행되고 망치 소리 요란할 때에 생명의 위협을 느꼈

겠지만, 여전히 먹이를 갖다주다가 사람들의 눈에 띈 것입니다. 비록 도마뱀의 이야기이지만 3년 동안이나 먹이를 물어다 준 이야기는 큰 감동을 줍니다. 쉽게 배신하고, 서로 속고 속이는 이기적인 우리 인간들보다 더 멋진 모습입니다.

사랑하며 사는 것은 생각하며 사는 것보다 더 귀한 일입니다. 사랑하는 것은 부자가 되는 것보다 더 중요한 일입니다. 사랑하는 삶을 살아야 한다면 가족을 사랑하고 아내와 남편을 사랑하는 일은 너무나 소중한 일입니다. 나아가 가난하고 아픈 사람들을 돕고 섬기며 사랑하는 것은 거룩한 일입니다. 지금은 사랑할 때입니다. 오늘도 사랑하는 사랑의 하루가 되길 바랍니다.

비교의식은 행복의 적입니다!

미국의 어느 대학교 심리학과 연구팀이 올림픽 게임에서 메달을 받는 사람의 행복지수를 조사했습니다. 동메달리스트의 행복 점수는 10점 만점에 7.1이었고, 은메달리스트의 행복 점수는 고작 4.8이었다고 합니다. 은메달을 받은 사람은 금메달과 비교하기 때문에 은메달의 주관적 가치는 선수입장에서는 실망스럽다는 것입니다.

반면 동메달리스트들은 까딱 잘못했으면 4위에 그쳐 메

달을 받을 수 없는 형편이었다가 동메달을 딴 기쁨이 있습니다. 그래서 동메달의 주관적 가치는 은메달의 행복 점수를 뛰어넘는다는 것입니다. 행복의 가장 큰 적은 비교이고 어디를 기준으로 하느냐에 따라 행복도는 달라진다는 것입니다.

한 경건한 수도사를 타락시키기 위해 사탄이 회의하였습니다. 의논된 방법으로 수도사를 타락시키기 위해 노력합니다. 첫 번째 방법으로 사탄은 수도사에게 커다란 금덩이를 보여주었습니다. 그러자 수도사는 눈도 깜빡하지 않았습니다. 두 번째는 아름다운 여인을 보내자 수도사는 마치 돌을 보듯 무표정했습니다. 이번에는 좀 더 강력한 무기를 동원하여 수도사의 마음에 '의심'의 씨앗을 심으며 속삭였습니다.

"지금 네가 하고 있는 금욕생활에 무슨 의미가 있는가? 당장 포기하라" 그러나 수도사의 표정에는 조금의 변화도 없었습니다.

결국, 사탄의 우두머리가 나섰습니다. "그런 방법으로는 수도사를 유혹할 수 없다. 내가 최후의 방법을 동원하겠다." 사탄의 우두머리는 수도사의 귀에 대고 이렇게 속삭였답니다. "당신의 친구가 방금 주교로 피선됐다는 소식입니다." 수도사는 이 말을 듣고 벌컥 화를 내며 자리에서 일어났다고 합니다.

타인과 자신을 비교하는 것은 불행의 지름길입니다. 다른 사람과 비교하는 순간 행복은 멀어집니다. 자신보다 우월한 사람과 비교하면 열등감에 사로잡혀 비굴해 지고, 자신보다 낮은 사람과 비교하면 우월감에 사로잡혀 교만해집니다. 비교를 초월하기는 쉽지 않습니다. 그러나 행복하기를 바란다면 비교의식에서 벗어나야 합니다. 현대인들의 정신적 질병 중에 하나가 바로 비교의식입니다. C.S.루이스는 "비교는 사탄의 가장 무서운 무기이다"라고 했습니다. 사탄은 우리의 행복을 파괴하기 위하여 '비교'라는 무기로 공격해 오고 있습니다.

우유 한 잔의 인연

가가호호를 방문해서 값싼 생필품을 파는 가난한 고학생이 있었습니다. 저녁이 될 때까지 쉴 새 없이 방문판매를 다니던 그는 지쳤고 배는 너무 고팠습니다. 그러나 그의 주머니에는 10센트 동전 하나밖에 없었고, 그것으로는 허기진 배를 채울 음식을 살 수가 없었습니다. "다음 집에 가서는 먹을 것을 좀 달라고 해야지"라고 생각한 젊은이는 어느 집 현관문을 두드립니다. 예쁜 소녀가 문을 열고 나왔습니다. 예쁜 소녀 앞에서 젊은이는 부끄러워서 배고프다는 말을 못 했습니다. 그래서 물 한 잔만 달라고 부탁을 했습니다. 그러나 소녀는 청년이 배고프다는 사실을 눈치채고는 큰 컵에 우유 한 잔을 가져왔습니다. 젊은이는 그 우유를 단숨에 들이켰고, 새로운 힘을 얻습니다. 그리고는 "얼마를 드려야 하느냐"고 묻습니다. 소녀는 그럴 필요가 없다고 했습니다.

오랜 세월이 흘렀습니다. 젊은이에게 우유로 자선을 베풀었던 소녀는 안타깝게도 고치기 어려운 병에 걸렸습니다. 그런데 아주 유명한 전문의가 있어서, 그 의사라면 병을 고칠 수 있다는 말을 듣게 됩니다. 소녀의 가족들은 전문의를 수소문해서 어렵게 초청합니다. 그 의사가 하워드 켈리(Howard A. Kelly, 1858-1943) 박사였는데 오래전 그 소녀에게 우유 한 잔을 얻어 마셨던 바로 그 젊은이였습니다. 그는 산부인과 분야 최고의 권위자로 성장해 있었던 것이었습니다.

하워드 켈리 박사는 환자를 보고 단번에 자신에게 우유를 주었던 그 소녀임을 알아보았답니다. 그리고 자신의 역량을 총동원해서 그녀를 치료했답니다. 켈리 박사의 정성 어린 치료 덕분에 그녀의 병세는 서서히 호전되어 갔습니다. 마침내 치료가 끝나자, 하워드 켈리 박사는 환자에게 치료비 청구서를 보냈는데 거기에는 이렇게 쓰여 있었습니다. "당신의 모든 치료비용은 여러 해 전에 제가 배고플 때, 정성과 친절로 건네주신 우유 한잔으로 모두 지불되었습니다. 건강하시기 바랍니다. 하워드 켈리 드림."

배부른 사람에게 우유 한잔을 건네는 것은 아무런 의미가 없지만, 배고픈 사람에게는 생명의 은인이 될 수도 있는 것입니다. 사소한 것이라도 자신이 가진 것을 나누고 친절과 호의를 베푸는 삶이 지혜로운 삶입니다. 친절과 사랑을 나누는 삶이 보람차고 행복한 삶입니다. 친절과 사랑의 투자가 우리 인생에서 가장 값진 투자입니다.

우리에게 주어지는 하루하루는 사랑과 친절을 베풀 기회로 주시는 기회들입니다. 친절과 사랑을 베풀지 못하고 지나가는 하루하루는 허비한 하루입니다. 누군가의 친절과 사랑을 요청받는다면 하나님께서 주시는 절호의 찬스로 알고 할 수 있는 한 돕고 섬기고 사랑하십시오. 오늘도 누군가에게 친절과 호의를 베풀고 사랑을 실천하는 하루가 되기를 바랍니다. 친절과 호의를 베풀며 사랑하는 삶은 반드시 행복한 삶입니다. 인생의 아름다운 열매를 맺는 멋진 삶이 될 것입니다.

어느 행복한 목사님!

한인 인구가 50명 내외인 동남부의 작은 도시, 초소형교회 부흥회 첫날이었습니다. 찬양을 인도하는 담임 목사님은 신이 나서 춤추듯 몸을 흔들었습니다. 연신 싱글벙글하시며. 찬송을 세곡쯤 신나게 인도하시던 담임목사님이 잠시 호흡을 가다듬고 다음 찬송가를 알려 주시며 한 말씀을 하십니다. "저는 너무 행복합니다. 이렇게 많은 성도님이 나오셔서 부흥회 첫 시간을 시작하는 것이 저를 행복하게 합니다!"

이어서 찬송을 몇 곡 더 불렀습니다. 신나게 찬양하는 담임 목사님이 너무 행복해했습니다. 맨 앞자리에 앉았던 강사는 너무 궁금했습니다. "도대체 몇 명이나 왔기에 저렇게 좋아할까?" 강사 체면에 뒤돌아볼 수 없었습니다. 대신 생각이 많았습니다. '이 도시 한인들이 다 왔나? 아니면 이웃 도시 성도들이 오셨나?' 강사의 상상의 나래는 끝없이 펼쳐졌습니다. 드디어 찬송, 기도 끝나고 말씀 봉독도 끝나고 특별찬송도 끝났습니다.

강사는 맘이 급했습니다. 강사는 엉덩이를 반쯤 들었는데, 담임 목사님이 한 말씀 더 보탰습니다. "저는 오늘 너무 행복합니다. 제가 좋아하는 목사님을 강사님으로 모시고 부흥회하는데 성도님들이 이렇게 많이 나와서 참 좋습니다. 참 행복합니다." 강사는 조바심이 났습니다. 강단에 오르는 길이 멀게 느껴졌습니다. 큰 미국 교회의 강대상은 계단 높은 곳에 있었습니다. 강사는 강단에 설 때까지 회중석을 볼 수가 없었습니다. 너무 궁금했습니다.

드디어 강대상에 선 강사는 다리에 힘이 풀렸습니다.

1,500여 명이 모여 예배할 수 있는 대형 교회 넓은 예배실에 15명의 성도가 흩어져 앉았습니다. 그냥 텅 빈 예배당 같았습니다. 자기 교회 새벽기도 성도들보다 더 적었습니다. 실망한 강사는 목이 잠기는 듯했지만, 마음도 목도 가다듬고 설교를 했습니다. 이날의 때문은 강사가 필자입니다.

저녁에 숙소에 돌아와 한동안 멍하니 앉아 있었습니다. 환한 미소로 찬양하며 거듭거듭 행복하다고 고백했던 담임 목사님 얼굴이 지워지지 않았습니다. 침대에 누워도 눈을 감아도 행복한 담임 목사님 얼굴과 텅 빈 예배당이 눈앞에서 교차하였습니다. 강사는 그날 자신보다 훨씬 더 행복하고 훨씬 더 훌륭한 목사님이 부러웠습니다.

십 년 가까운 세월이 흘렀습니다. 15명의 성도로 만족하고 행복한 목사님은 진짜 목사님입니다. 그날을 생각하면 지금도 얼굴이 화끈거립니다. 그 행복한 후배 목사님이 최근 박사학위를 받았습니다. 목회와 학업을 병행하는 어려운 과정을 넉넉히 이겨냈습니다. 그 목사님은 여전히 행복합니다.

행복이라는 나무는 만족과 감사를 먹고 자랍니다. 만족과 감사가 행복의 거름입니다. 오늘 현실에 만족하지 못하면 내일에 더 큰 축복이 와도 감사하지 못하고 행복이 없습니다. 오늘의 삶에 만족함이 행복입니다. 감사가 행복입니다! 그런데 현실에 만족하지 못하고 감사하지 못해서 행복을 놓치고 맙니다.

범사를 행복의 기준으로 바라보려고 노력합니다. 세상이 다르게 보입니다. 성공과 실패의 기준이 달라졌습니다. 주변에 소소한 일상에서 행복을 누리는 행복꾼들이 많습니다. 행복은 누리는 자의 것입니다. 모든 상황에서 행복을 누리는 사람들이 행복 천재들입니다. 다양한 분야에 천재들이 많지만 행복 천재가 진짜 천재입니다. 열악한 삶의 자리에서 행복을 누리는 행복 천재들이 부럽습니다. 그들에게 박수를 보냅니다! 십 수년 전 그 행복한 후배 목사님께 박수를 보낸 것처럼.

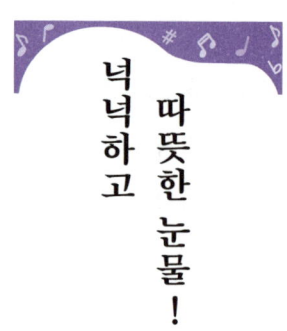

넉넉하고 따뜻한 눈물!

2020년의 최고의 장면을 꼽으라면 트로트 경연에서 패배한 장민호가 정동원을 품에 안고 퇴장한 장면이었습니다. 때는 2020년 3월, 장면은 모 방송국 경연 프로그램 '내일은 미스터트롯' 본선 제4차전 2라운드 '1대 1 한 곡 대결'이었습니다. 경쟁자 두 사람이 한 팀이 되어 노래하면 심사위원들은 각자에게 점수를 주어 두 사람 중의 한 사람을 탈락시키는 것이 규칙이었습니다. 그야말로 잔인한(?) 대결이었습니다. 장민호와 정동원은 삼촌과 조카처럼 멋진 무대를 만들었습니다. 근사한 음악에 멋진 퍼포먼스가 있었습니다. 그러나 심사는 냉정했습니다. 장민호 90점, 정동원 210점! 장민호는 탈락이었습니다.

경연에 출전한 가수들의 간절함은 눈물겹습니다. 무명의 설움을 떨칠 기회 앞에 그들은 절박했습니다. 오랜 무명 생활로 온갖 고생을 했던 장민호도 누구보다 더 절박했습니다. 그리고 그 무대에서 장민호의 꿈은 좌절되었습니다. 그런데 장민호가 자신을 지명하고 자신을 무너뜨린 정동원을 다정하게 품고 퇴장한 것이었습니다. 평범한 경연이라도 패배자는 아픈 법인데… 장민호의 아량과 넉넉함이 찬란하게 빛났던 장면이었습니다.

그 둘이 함께 부른 "파트너"라는 노래를 수없이 들었습니다. 모르는 노래였는데 지금은 가사를 거의 외웁니다. 이 글을 쓰면서 또 듣는데 또 들어도 좋습니다. 심사위원들은 그들의 노래에 감탄했고 두 사람 중 한 사람을 선택해야 함에 절규하며 고통스러워했습니다. 몇몇 심사위원들은 정동원을 위해 장민호가 음악적으로 많이 양보했음을 칭찬했는데… 결과는 장민호 탈락이었습니다. 이렇게 탈락한 장민호가 자신을 탈락시킨 정동원을 품에 안고 퇴장한 장면을 잊을 수 없습니다. 정말 부럽습니다!! 그리고 그런 장민호를 패자부활로 올려준 심사위원과 프로그램에 경의를 표합니다.

오래전 일입니다. '슈퍼스타K2' 결승에서 허각과 존 박이 만났습니다. 막노동하며 힘하게 살아온 허각에게는 인생 역전의 기회였습니다. 미국에서 이민자로 성장한 존박도 인종차별과 왕따를 겪으며 어렵게 성장했을 것입니다. 조국에 돌아와 경연대회에 참가한 존 박도 놓칠 수 없는 기회였을 것입니다. 두 사람 모두 절박했습니다.

마지막 무대를 앞둔 날 존 박이 미국에 계신 어머니에게 전화했다고 합니다. 마지막 대회를 앞둔 아들에게 주는 엄마의 조언이 공개되었습니다. "존아! 우리가 우승하면 얼마나 좋은 일이냐? 그러나 허각이 이긴다면 허각의 인생이 바뀌는 일이니 참 좋은 일이다. 그러니 결과와 상관없이 즐겨라!" 필자의 기억이 정상이라면 대충 이런 내용입니다. 참 부럽습니다. 잘난 아들을 둔 것도 부럽고, 멋지게 아들을 응원하는 방식도 부럽고, 넉넉한 마음으로 아들에게 바른 삶을 훈계하는 어머니 마음이 부럽습니다.

어느 방송사의 "싱어게인 무명가수전"이라는 프로그램이 있었습니다. 필자가 이해하기는 노래를 부르고 있지만, 대중에게 외면당한 가수들의 재활 프로그램이었습니다. 출연자 모두 쟁쟁한 실력자들이었습니다. 왜 이들이 주목받지 못했을까? 이해가 되지 않았습니다. 이 쟁쟁한 실력자 중에 유독 눈에 띄는 가수가 30호였습니다. 한마디로 탁월한 괴짜였습니다. 심사위원들을 어리둥절하게 만드는 실력과 성품을 가진 사람이었습니다.

이 30호 가수가 눈물을 보였습니다. 두 팀의 듀엣이 경쟁을 하여 30호 팀이 이겼던 순간이었습니다. 30호와 63호 팀이 되어 29호와 10호의 팀을 이겨서 29호와 10호가 탈락하는 순간이었습니다. 30호 눈물에 당황한 사람들을 위해 상대였던 29호가 "우리는 상대지만 연습 시간에 친하게 지냈다"고 설명했습니다. 경쟁상대지만 서로 격려하며 우정을 나눴는데 상대가 탈락해 흘린 아쉬움의 눈물이었습니다. 필자에겐

2021년 최고 장면이었습니다.

　관객과 심사위원에게 감동을 주는 그들의 멋진 음악보다 훨씬 더 아름답고 더 멋진 장면이었습니다. 30호 가수가 어느 목사님 아들이라고 합니다. 30호, 그의 아버지도 부러웠습니다. 그리고 30호 같은 마음을 갖지 못한 것도, 그런 마음을 가지라고 가르치지 못한 것도 부끄럽습니다. 아들과 딸에게 장민호 장면도, 30호 장면도 보내 주었습니다. '30호처럼, 장민호처럼 따뜻한 마음으로 사는 것이 근사하고 행복한 삶이다'라고 전하는 이 아빠의 마음을 아들, 딸이 알아주기를 바라면서….

죽음을 각오한 사랑

제법 오래전 어느 가정이 겪은 이야기입니다. 아빠와 엄마, 그리고 일곱 살 난 아들과 다섯 살짜리 딸이 살았습니다. 어느 날 온 가족 여행 중에 큰 교통사고를 당해 아들이 심하게 다쳤습니다. 응급수술을 받던 아들에게 급한 수혈이 필요했습니다.

그런데 아들에게 수혈이 가능한 사람은 딸밖에 없었습니다. 다급한 아빠가 딸에게 조심스럽게 물었습니다. "애야 너

오빠에게 피를 좀 줄 수 있겠니? 오빠에게 피를 줄 수 있는 사람은 너밖에 없단다." 딸아이는 이 질문에 잠시 동안 무얼 생각하는 것 같더니 심각한 표정으로 머리를 끄덕였습니다.

동생의 피를 수혈받으며 아들은 수술을 받았고 수술은 성공적이었습니다. 의사 선생님이 성공적인 수술이라고 말해 주었습니다. 그제야 온 가족은 긴장이 풀렸습니다. 아들이 살아난 것을 확인하고 두 손을 맞잡고 펄쩍펄쩍 뛰며 좋아하던 아버지와 어머니는 비로소 정신을 차리고 딸에게 소식을 전합니다. "애야 네 덕분에 오빠가 살게 되었어!"

그 말을 들은 딸이 낮은 목소리로 아빠에게 물었습니다. "와! 정말요! 잘 되었네요 이렇게 말하며 딸은 파랗게 질린 채로 침대 위에 가만히 누워 있었습니다. 그리고 한마디 더 합니다." "그런데요 아빠! 나는 언제 죽어요?" 아버지가 깜짝 놀라 묻습니다. "죽다니. 네가 왜 죽는단 말이냐?" 어린 딸이 대답합니다. "제 피를 뽑으면 제가 죽는 것이 아닌가요?"

잠시 숙연한 침묵이 흐른 뒤 아빠가 입을 열었습니다. "그럼, 넌 네가 피를 오빠에게 주면 죽는 줄 알았니? 너는 네가 죽는 줄 알면서도 오빠에게 피를 주겠다고 했단 말이냐?" "예… 전 오빠를 사랑하거든요." 꼬마는 자기가 죽을 각오를 하고 오빠에게 피를 주기로 한 것이었습니다. 이 얘기를 들을 때마다 큰 감동을 받습니다. 코끝이 찡하고 눈물이 핑 돕니다. 이 일화는 사랑이 무엇인지를 가르쳐 줍니다. 이 어린 꼬마의 마음이 참된 사랑의 마음입니다.

사랑은 양보입니다. 사랑은 희생입니다. 엄마와 딸이 싸우면 대부분 엄마가 집니다. 왜요? 엄마가 더 사랑하기 때문입니다. 부부 싸움이 파국으로 치닫는 이유는 사랑이 부족하기 때문입니다. 사랑하는 곳에 희생이 있고, 양보가 있고, 눈물이 있습니다. 사랑은 손해를 각오하는 것입니다.

많은 사람이 사랑을 말합니다. 많은 종교 단체가 사랑을 말합니다. 그런데 세상은 사랑을 느끼지 못합니다. 세상에서 참사랑을 보기 힘듭니다. 왜냐하면 희생과 양보가 없는 사랑을 말하고 꿈꾸기 때문입니다. 헌신, 희생 그리고 양보가 없는 사랑은 공허한 메아리에 불과합니다. 새해에 사랑을 위하여 희생하고, 사랑을 위하여 양보하고, 사랑을 위하여 헌신할 각오와 다짐이 있기를 기도하며….

제2부
행복한 삶의 모델

아이티에 뿌려진 행복의 씨앗
성자 바보 장기려 박사
우간다의 황색 슈바이처의 행복
좌절을 거부한 사람
최고의 유산! 인생 최고의 자산!
참 행복을 아는 젊은이의 선택
약점을 극복하는 삶의 행복

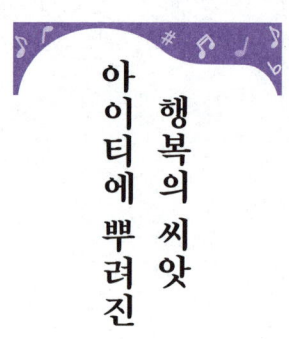

아이티에 뿌려진 행복의 씨앗

얼마 전 아이티를 다녀왔습니다. 아이티에서의 짧은 시간은 필자의 영혼을 깨우는 시간이었습니다. 깊숙이 패인 그들의 눈에는 절망과 좌절이 가득했습니다. 그런데 그 아이티 사람 중에서 눈빛이 살아 있는 사람들이 있었습니다. 우선 월드쉐어 아이티 지부의 김영숙 선교사와 함께 일하는 아이티 젊은이들의 초롱초롱한 눈빛은 인상적이었습니다.

그중에서도 노엘 전도사의 미소와 이글거리는 눈빛을 잊을 수가 없습니다. 노엘 전도사를 처음 만난 것은 투찌에 마을 월드쉐어 공부방이었습니다. 허름한 임시 건물에서 휑한 눈을 가진 아이티 사람들 사이에서 그는 유난히 빛났습니다. 이글거리는 눈은 반짝이고 있었고 얼굴은 광채가 났습니다. 묘한 힘이 느껴지는 그는 유창한 한국말로 인사를 건넸습니다.

노엘 전도사는 World Share가 아이티 빈민촌인 투찌에 마을에서 운영하는 학교의 주임 교사입니다. 그에게는 아이티 아이들을 향한 불타는 열정이 있습니다. 그는 아이티 현지인이지만 한국어 실력이 탁월해 한국어로 업무가 가능할 뿐만 아니라 한글학교를 운영할 수 있습니다. 아이티 목사의 아들이고 신학을 공부해서 전도사입니다. 아주 신실한 아이티 젊은이입니다.

필자가 노엘 전도사의 한국말 실력에 놀라 질문을 쏟아 내었습니다. "어떻게 그렇게 한국말을 잘해요? 어디서 한국말을 배웠어요? 언제 누구에게 배웠어요?" 저의 속사포 같은 질문들을 들으면서 그는 만면에 미소를 짓고 있었습니다. 드디어 노엘 전도사가 입을 열기 시작했습니다.

"목사님! 제가 한국말 잘해요? 정말이에요? 저는 한국말을 백삼숙 선교사님께 배웠습니다. 저는 친구들과 토요일마다 선교사님이 있는 한글학교에서 한글을 배웠습니다. 처음에는 한글보다는 주시는 빵, 과자 그리고 음료수가 좋아서 토요일마다 갔었습니다. 자꾸 가다 보니 한국말 실력도 좋아졌고 한국말도 재미있었습니다. 한글학교에서 한국어를 배우고 한국어 찬양과 성경을 배우면서 신앙과 신학도 배웠습니다." 참 놀라운 이야기였습니다.

백삼숙 선교사는 한국말을 잘하는 학생들을 사랑했습니다. 선교사님이 등록비를 대 주시고 신학공부를 할 수 있는 여건을 만들어 주었습니다. "저희 아버지가 목사님이신데요. 신학교에 가라고 말씀하셨는데 돈이 없었습니다. 그런데 백삼숙 선교사님의 한글학교를 통해서 선교사님 사랑을 받고 신학 공부를 하게 되었습니다. 저는 많은 복을 받은 사람이에요. 저희는 백삼숙 선교사님이 너무 좋아요. 저희는 백삼숙 선교사님을 잊지 못해요."

저는 백삼숙 선교사님을 전혀 알지 못했습니다. 아이티에서 노엘 전도사를 통해서 백삼숙 선교사를 알았습니다. 그래서 월드쉐어 아이티 지부장인 김영숙 선교사와 노엘 등등 여러 사람을 통해서 백삼숙 선교사를 찾았습니다. 백삼숙 선교사님은 수년 전에 소천하셨습니다. 하지만 선교사님이 남기신 아이티 사역의 열매들은 탐스럽게 결실되어 있었습니다.

백삼숙 선교사님은 아이티 대지진 전부터 아이티에서 사역했습니다. 지진 후에도 철수하지 않고 마당에 텐트를 치고 잠을 자면서 현장을 지키며 아이티 사람들을 섬겼습니다. 백 선교사는 한글교육과 신학교육을 병행하여 젊은이들을 양육했습니다. 백 선교사는 젊은이들에게 적극적으로 한글교육을 했습니다. 또 그들에게 장학금 등으로 격려하며 신학 공부를 지원했습니다, 그리고 그들을 한국적 신앙교육으로 양육했습니다. 많은 아이티 젊은이들이 한글과 신학으로 양육되어 사역 현장을 누비고 있습니다.

백삼숙 선교사의 아이티 사랑은 선교사님의 발자취를 따라가는 곳곳에 남아 있었습니다. 선교사님은 종종 미국에 있는 한인 교회들에서 선교 보고를 하며 한국어로 찬양을 하는 아이티 젊은이들을 데리고 와 함께 예배하였습니다. 얼른 그들의 항공료와 미국 체류 경비 등을 계산하면서 백삼숙 선교사의 아이티 젊은이들을 향한 사랑을 생각했습니다.

　아이티 젊은이들을 향한 백삼숙 선교사의 사랑은 선교사님이 돌보던 젊은이들의 삶에 고스란히 남아 있습니다. 노엘 전도사는 스승 백 선교사님을 이렇게 추억합니다. "선교사님은 아이티와 아이티 사람들을 진정으로 사랑하셨습니다!" 이 아름다운 고백이 백삼숙 선교사의 상급(賞給)이요 자랑이라고 믿습니다. 부족한 이 글을 오늘도 오지에서 묵묵히 사랑을 나누며 행복을 가꾸는 선교사님들에게 바칩니다. 그분들이 낙심하거나 지치지 않기를 바랍니다. 근사한 행복을 응원합니다!

성자 바보 장기려 박사

한국의 슈바이처, 바보 천사, 살아 있는 성자, 아름다운 의사, 송도의 성자 등등은 성산(聖山) 장기려 박사를 칭송하는 말들입니다. 장기려 박사는 좋은 의사요, 훌륭한 사회 복지 사업가요, 따뜻한 기부 천사입니다. 춘원 이광수가 장기려를 가리켜 '성자 바보'라고 했다는 것은 유명한 사실입니다.

아울러 그는 순애보 사랑을 실천한 사람입니다. 장기려 박사는 1932년 4월 9일 경성의전 선배인 내과 의사 김하식의

딸 김봉숙과 새문안교회에서 결혼했습니다. 슬하에 6남매를 두었습니다. 해방 후 북한에서 의사로 근무했던 그는 한국전쟁 당시 북한군이 후퇴할 때(?) 평양에 남아 있다가 평양에서 운영되던 국군병원과 유엔군 민사처(UNCACK) 병원에서 일했습니다.

1950년 12월 3일 전쟁통에 부인과 5남매와 헤어져 둘째 아들 장가용만 데리고 철수하는 국군들을 따라 월남했습니다. 잠시 전쟁의 포화를 피하면 돌아올 수 있다고 생각하고 가족들을 두고 월남하였지만, 그는 평생 평양으로 돌아가지 못했습니다. 가깝게 지냈던 사람들에 의하면 장 박사는 평생 북쪽 가족들을 그리워하는 가슴앓이를 하며 살았다고 합니다.

장기려 박사가 성자로 불리게 되는 데는 젊은 시절 홀로 월남하여 수절하였다는 것도 한몫합니다. 북한에 가족을 두고 월남했던 대부분 사람은 재혼했습니다. 아내를 두고 왔기에 홀로 수절하신 분은 그리 많지 않습니다. 필자가 아는 한 다섯 분 정도 됩니다. 부산 부전교회 한병기 원로 목사님, 나성 영락교회를 세우신 김계용 목사님, 부산 동성 교회 김병주 원로 목사님, 서울 평안교회 이성택 원로 목사님 그리고 장기려 박사님입니다. 장 박사는 늘 북한에 두고 온 아내를 그리워했다고 전해집니다.

이런 장기려 박사에게 북한에 사는 가족들의 소식이 전해졌다고 합니다. 미국에 살고 있던 장기려 박사의 조카 장혜원이 백방으로 수소문하여 북한에 살던 가족들 소식을 들어보니 비교적 잘살고 있더랍니다. 조카와 주변 사람들이 권해 북한에 있는 아내에게 편지를 썼답니다. 북한 아내에게 보내진 장기려 박사의 편지에도 그의 인격과 사랑의 향기가 진동합니다.

장기려 박사의 편지 일부를 소개합니다.
"……40년을 남한에 홀로 살면서 재혼하라는 권유도 많이 받았소. 하지만 '우리 사랑은 영원하다. 혹 둘 중의 하나가 죽어 세상을 떠나도 우리 사랑은 영원히 꺼지지 않는 생명의 사랑이다'라고 한 말을 기억하며 당신을 기다렸소. 여보! 몇 년 전 남북한의 이산가족이 상봉하여 해후의 기쁨을 나누었던 것을 기억하시지요. 난들 왜 가보고 싶지 않겠소. 당신과 자식들을 만나고, 지금은 돌아가셨을 부모님 산소도 둘러보고, 고향 집과 산양리의 옛집도 가보고 싶소. 그러나 일천만 이산가족의 아픔이 나만 못하지 않을 텐데 어찌 나만 가족과 재회의 기쁨을 맛보겠다고 북행을 신청할 수 있겠소. 나는 내 생전에 평화 통일이 이루어질 줄을 믿습니다. 우리는 온 민족이 함께 재회의 기쁨을 나누는 그 날 다시 만나리라는 것을 확신합니다."

눈물로 이 편지를 옮겨 놓았습니다. 장기려 박사는 이런 믿음의 인격으로 국가가 제안하는 이산가족 상봉의 기회마저 양보했던 것입니다. 과연 장기려 박사다운 양보요 기다림입니다.

예수님을 닮은 삶을 살았던 장기려 박사는 성탄절에 돌아가셨습니다. 자신도 당뇨를 앓아 의료진의 관리를 받아야 했지만, 더 가난하고 더 어려운 환자들을 돌보다 돌아가셨습니다. 평생 헐벗고 가난한 이웃들의 아픔을 외면하지 못해서 병원 원무과 행정직원들에게 쩔쩔매며 양해를 구하셨던 장기려 박사는 마지막 또한 감동적 모습입니다.

장기려 박사가 노년에 남긴 다음 글은 우리 영혼을 적십니다.

> 인생의 승리는 사랑하는 자에게 있다.
> 사랑받지 못한다고 슬퍼하지 말라.
> 우리는 자진해서 사랑하자.
> 그러면 사랑을 받는 자보다 더 나은 환희로 충만하게 되리라.
> 죽음을 두려워하거나 목숨을 아끼는 자에게는 생명이 없다.
> 잘 죽는 자가 잘 사는 자다.
> 다른 사람을 위해서 자기 목숨을 버리는 자만이
> 영원한 생명을 소유한 사람이다.
> 생명은 죽음에 있다.
> 이제부터 다시는 죽음을 두려워하지 아니하리라.
> 도리어 열심히 이 죽음의 길을 찾을 것이다.

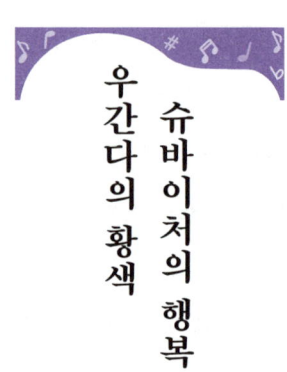

슈바이처의 행복
우간다의 황색

우간다의 슈바이처로 불리는 유덕종 박사 이야기입니다. 유박사는 경북의대를 졸업한 전도유망한 의사였습니다. 1991년에 창설된 한국국제 협력단(KOICA) 봉사 요원으로 1992년에 우간다로 건너간 유덕종 박사는 내과 전문의입니다. 서른셋 한창나이에 건너간 유덕종 선교사는 2년마다 계약을 연장하면서 23년간 우간다에서 의료 선교사로 활동하였습니다. 우간다 국립 후송병원인 물라고 병원에서 환자들을 진료했었고, 동아프리카 최고의 대학으로 평가받는 마케

레레대학교 의과대학교에서 교수로 봉직합니다.

한국에서 의사로 살면 잘 살 수 있습니다. 그래서 유덕종 선교사도 간단히 봉사하고 돌아오리라 마음을 먹고 한국국제협력단에 지원하여 우간다로 떠났습니다. 군의관 제대를 하고, 세 살과 두 살의 딸과 셋째 아이를 임신한 아내를 두고 아프리카로 향했습니다. 쉽지 않은 발걸음이었지만 아프리카에서 의료 봉사를 하는 것은 젊은 시절 그의 꿈이었습니다.

우간다 생활 8개월 만에 가족이 합류하여 나름대로 행복한 세월을 보냈습니다. 너무 열악한 의료 환경을 보면서 실망과 좌절을 경험하고 '나 혼자 발버둥친다고 해결될 문제가 아니다'라고 생각을 하고 계약기간만 봉사하고 귀국하기로 맘을 먹습니다. 귀국 후의 생활도 준비하며 한국에서 의사로 살아갈 꿈을 온 가족과 함께 꾸었습니다.

그런데 계약 만료를 앞두고 귀국을 준비하던 어느 날 큰딸이 뇌수막염을 앓게 됩니다. 변변한 의료 시설도, 약품도 없는 오지에서 딸이 죽어 갑니다. 아빠가 의사지만 손을 쓸 수가 없습니다. 경련을 일으키는 딸이 숨도 쉬지 못하는데 의

사인 아빠는 그저 바라볼 수밖에 없는 상황이었습니다. 전기마저 끊어진 방에서 촛불을 켜고 신음하는 딸을 바라보며 눈물로 기도하던 유덕종 박사에게 "죽어가는 네 딸은 귀하게 여기면서 죽어가는 이 나라 사람들은 버리고 가느냐?" 하는 하나님의 음성이 들려집니다.

이 음성을 들으며 유덕종 선교사는 우간다에서 선교사로 살기를 결심합니다. 그리고 시작된 20여 년의 아프리카 생활! 유덕종 선교사는 아프리카에도 한국에도 집 한 채가 없답니다. 의사로 수십 년을 살았는데 집 한 채도 없지만 정작 본인은 "목표가 있어서 행복하다"라고 합니다.

그는 2002년부터 병원을 지었습니다. 시간당 9,000원짜리 의대 강사로 번 돈마저도 아프리카 병원건립에 쏟아부었습니다. 이런 수고를 아무도 몰라줍니다. 한국 정부는 물론이고 우간다 정부도 몰라줍니다. 우간다 정부로부터는 2000년에 받은 '내과 분야 최고 의사상'을 받은 것이 전부랍니다.

아프리카로 간다고 할 때, 또 아프리카에 남는다고 말할 때 많은 사람들이 반대했습니다. 심지어 미친놈이라는 말도

들었습니다. 그러나 지금 유덕종 교수는 우간다 의사들의 스승입니다. 대학생활을 하면서 크리스챤이 되었던 그는 아프리카 의료 선교 활동을 결심하게 되었고 우간다 생활 도중에 유 사무엘로 개명하여 온전한 선교사로 살고 있습니다.

현재 유 사무엘(덕종) 선교사는 성경공부를 인도하면서 제자들을 양육하고 있습니다. '성경을 함께 공부한 제자들이 부패한 사회와 문화를 변화 시키려는 노력을 하고, 이웃을 위해 사는 모습을 지켜보는 재미가 쏠쏠하다'고 말하는 유 사무엘 선교사는 의술의 스승이 누리는 기쁨을 넘어 영적 스승의 기쁨을 누리는 진정한 선교사입니다.

유 사무엘 선교사가 얼마 전에 책을 냈습니다. 홍성사에서 발간한 『우간다에서 23년』입니다. 이 책에서 유 선교사는 일생 나눔의 삶을 전하고 있습니다. 그는 이 책에서 "내가 그들을 치료한 것처럼 보이지만 실상은 그들을 통해 내가 치유 받았어요. 낮아짐에 행복이 있습니다"라고 자신의 행복을 전했습니다. 그렇습니다. 나눔이 행복입니다. 그리고 나눔이 성공입니다. 나눈 삶이 진정한 자신의 삶입니다.

좌절을 거부한 사람

요즘 삶의 어려움을 호소하는 사람들이 많습니다. 평상시에서도 어렵고 고단한 삶이었는데 코로나를 만났으니 오죽하겠습니까? 어렵고 힘들다는 하소연은 상황이 이해가 됩니다. 그러나 알고 보면 모든 인생은 어려움을 품고 있습니다. 사는 날 동안 어려움이나 고단함이 없는 날이 없습니다.

알고 보면 우리들의 지난날들은 이런 고난과 아픔을 이겨 온 날들입니다. 초등학교 시절부터 과정 과정마다 고난과 아픔이 있었지만, 희망을 품고 이겨 나온 것입니다. 지금도 마찬가지입니다. 우리는 크고 작은 문제들을 이겨나가는 중입니다. 웬만한 고난과 어려움은 포기하지 않으면 이겨 낼 수 있지만 절망하고 포기하면 사소한 어려움 앞에서도 좌절하는 것이 인생입니다.

'동티모르의 히딩크'로 불리는 사람이 있습니다. 동티모르 청소년 국가대표 축구 감독 김신환 감독입니다. 그는 축구의 명문인 장항중, 한양공고를 거쳐 현대자동차에서 축구 선수 생활을 했지만, 축구의 꿈을 완전히 펴지 못하고 밀려서 은퇴했습니다. 축구를 사랑했지만 뜻을 펼쳐보지 못하고 축구에 대한 미련과 아쉬움을 가진 채 은퇴합니다.

그는 1988년에 축구를 그만두고 전혀 다른 일에 도전합니다. 그는 96년부터 3년 동안 인도네시아에서 봉제공장을 운영했지만 실패했습니다. 그즈음 그는 만신창이가 되었습니다. 그는 사업 실패, 이혼 등의 아픔을 겪었습니다. 세상은 축구밖에 몰랐던 김신환이 헤쳐 나가기에는 만만치 않았습니다. 하지만 그는 현재 동티모르에서 축구 지도자로 새 삶을 삽니다. 그는 현재 세계를 깜짝 놀라게 하는 멋진 축구 감독으로 살고 있습니다.

인도네시아에서 사업에 실패한 그는 사업 아이템을 찾아 동티모르로 갑니다. 사업을 위해 현지 조사를 하던 김신환 사장은 동티모르에 파견되어 있던 상록수 최철환(육사42기) 부대장을 만납니다. 육사에서 축구부 주장을 지낸 상록수 부대장 최철환 씨는 축구를 사랑하는 군인이었습니다. 최철환 부대장은 김신환 사장에게 동티모르에 버려진 아이들을 모아 축구를 가르치며 보람 있는 삶을 살아 볼 것을 제안합니다.

최철환 부대장의 권면으로 김신환 사장은 아이들을 모아 축구를 가르칩니다. 맨발로 축구공을 따라다니던 아이들을 체계적으로 지도합니다. 김신환 씨는 동티모르 청소년 국가대표팀 감독으로 동티모르 축구의 내일을 준비하고 있습니다. 물론 돈 한 푼 못 받는 감독이었습니다. 지인들의 도움을 받습니다. 알찬 지도로 국제대회에서 성적을 거두어 동티모르의 희망이 됩니다. 그는 자신의 꿈을 위해, 동티모르의 꿈을 위해 뛰는 사람입니다.

헬렌 켈러의 삶을 살피면 애너 설리번을 만납니다. 설리번은 헬렌의 개인 교사였습니다. 귀, 입, 눈에 장애가 있는 3중 장애인 헬렌 켈러가 절망하지 않도록 지켜주고 격려한 사람입니다. 애너 설리번은 헬렌이 하버드대학에 다닐 때 모든 강의를 함께 듣고 그녀의 손에 강의 내용을 적어주었습니다. 설리번의 도움을 받은 헬렌 켈러는 꿋꿋한 의지로 새로운 삶의 길을 찾아 피눈물 나는 노력을 했습니다. 하버드대학을 졸업하던 날, 헬렌은 졸업장을 받고 하염없이 눈물을 흘렸습니다. 설리번도 감격의 눈물을 흘렸습니다.

모든 사람은 헬렌의 뛰어난 천재성과 설리번 선생님의 훌륭한 교육을 일제히 찬양하였습니다. "항상 사랑과 희망과 용기를 불어넣어 준 앤 설리번 선생님이 없었으면 저도 없었을 것입니다." 헬렌 켈러에 대해서는 많은 사람이 잘 알고 있으나 그녀의 스승에 대해서는 잘 모릅니다. 보지도 듣지도 말하지도 못하는 삼중고를 안고 있는 헬렌 켈러를 전 세계가 놀라게 한 인물로 만든 사람이 바로 애너 설리번입니다.

헬렌 켈러를 가르칠 방법은 감각기관을 활용하는 것뿐이

었습니다. 헬렌 켈러는 숱한 노력을 통해 공부하고, 박사가 되고, 수많은 사람에게 감동과 영감을 주는 위대한 인물이 되었습니다. 애너 설리번은 늘 되풀이해서 헬렌 켈러에게 다음과 같은 말을 했답니다. "시작하고 실패하는 것을 계속하라. 실패할 때마다 무엇인가 성취할 것이다. 네가 원하는 것을 성취하지 못할지라도 무엇인가 가치 있는 것을 얻게 되리라. 시작하고 실패하는 것을 계속하라. 절대로 포기하지 말라. 모든 가능성을 다 시도해 보았다고 생각하지 말고 언제나 다시 시작하는 용기를 가져야 한다."

 헬렌 켈러가 들었던 그 말을 오늘 우리가 들어야 할 말인 것 같습니다. 포기하고 싶은 당신!! 일어나세요. 힘을 내세요. 포기하지 말고 다시 시작하세요!! 낙심할 수밖에 없는 자리, 절망할 수밖에 자리에서 일어서는 용기와 인내가 희망을 만들고 행복을 누리게 할 줄 믿습니다. 오늘도 용기를 내세요! 쓰러진 자리에서 툭툭 털고 일어나세요!! 포기하지 않고 다시 도전할 때 행복을 만날 것입니다. 오늘도 행복하세요!!

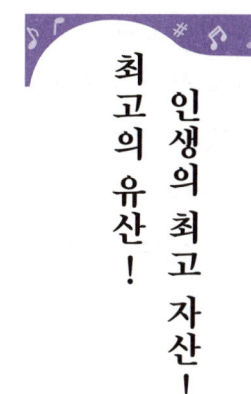

인생의 최고 자산!
최고의 유산!

짐 스토벌(Jim Stovall)의 『최고의 유산 상속받기』에 나오는 이야기입니다. 재벌인 레드 스미스 회장은 유산을 해밀턴 변호사에게 맡겼습니다. 변호사가 레드 스미스 회장 유언을 따라 유산을 가족들에게 분배했습니다. 마지막으로 남은 사람은 손자 제이슨 스티븐스였는데 그에게는 한 푼의 유산도 없었습니다.

어린 제이슨 스티븐스는 자신에게 아무런 유산도 남겨지

지 않았다는 말을 듣고 불평을 털어놓았습니다. "그 짠돌이 영감이 나한테는 한 푼도 안 남겨 줄 줄 알았어, 나를 그렇게 미워하더니 역시 그랬군!" 그리고 방을 나가려는데 해밀턴 변호사는 제이슨에게 할아버지가 최고의 유산을 조건부로 남겼다고 전했습니다. 조건은 한 달에 한 번 영상으로 남긴 할아버지 과제를 해결해야 한다는 것이었습니다. 할아버지 과업을 거르거나 반항하면 유산은 없다고 말했습니다.

제이슨은 매달 변호사 사무실을 방문해서 비디오를 통해 할아버지가 내주는 과제를 해결했었습니다. 첫 달, 할아버지 친구인 거스 콜드웰의 목장에서 일하라는 과제가 주어졌고 둘째 달에는 1,500달러를 가지고 다섯 사람에게 가장 유용하게 사용하라는 과제를 받았습니다. 이렇게 1년간 제이슨은 할아버지 유언을 따라 12가지 과제를 해결해 나갔습니다.

과제는 까다롭고 어려운 것도 있었습니다. 제이슨은 성실하게 과제를 수행했습니다. 그는 과제를 해결하며 인생을 배웠습니다. 일과 우정, 배움, 고난, 가족, 웃음, 꿈, 감사의 의미를 깨달으며 성숙했습니다. 무엇보다도 낮은 자세로 이웃을 섬기는 법을 배운 것입니다. 12가지 과제를 마친 제이슨에게 해밀턴 변호사는 할아버지가 남긴 유언장을 읽어 주었습니다.

"내 손자 제이슨이 책임감과 역량 있는 모습을 보여줬기 때문에 레드 스티븐슨 고아원, 레드 스티븐슨 도서관 프로그램 그리고 장학재단들과 병원 등 기타 기관들의 기금을 관리하는 책임자로 손색이 없을 것으로 믿는다. 제이슨에게 부탁하고 싶은 것은 현재 자선 재단에서 진행 중인 프로젝트들과 앞으로 의미 있다고 느끼는 일들을 추진할 때 지난 1년 동안 얻은 경험과 지혜를 사용해 달라는 것이다." 할아버지의 애정이 담긴 유언장이었습니다.

될성부른 손자에게 중요한 유산과 사업을 맡기면서 삶의 본질을 깨닫게 하려고 12개의 과제를 부여한 것이었습니다. 과제를 통해서 인생을 배우게 했고 어렵고 힘든 삶을 보게 했던 것입니다. 그런 점에서 유언을 통해 부탁했던 12과제는 할아버지가 남긴 최고의 유산이었습니다. 할아버지는 손자가 인생을 배우게 했습니다. 할아버지의 바람대로 제이슨은 사회복지 재단을 근사하게 운영하였고 성공적인 삶을 살게 되었습니다!

우리는 편안하고 여유로운 삶이 행복의 조건이라고 생각하는 경향이 있습니다. 고생 없는 삶이 행복한 삶이라고 생각합니다. 그래서 자녀를 공부시키는 이유도, 많은 유산을 남기는 이유도 자녀들에게 편안한 삶을 살게 하고 싶은 마음의 표출입니다.

그러나 사실 이런 유산의 부작용을 많이 봅니다. 사실 인생 최고의 자산은 고난과 아픔을 통해 다듬어지고 성숙해진 인격입니다. 할아버지 레드 스미스 회장이 손자 제이슨 스티븐스에게 전한 12가지 과제처럼 우리를 훈련시키고 다듬어가는 세월의 가치를 알아야 알기를 바랍니다.

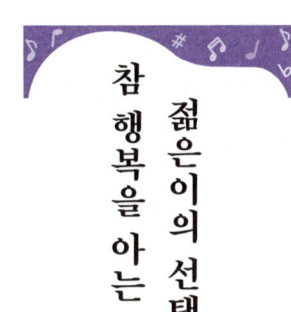

참 행복을 아는 젊은이의 선택

케이티 데이비스(Katie Davis)는 유복한 집안의 엄친아였습니다. 그녀는 세상 사람들이 부러워하는 것을 다 가진 소녀였습니다. 테네시주 내슈빌의 강남 8학군 같은 브랜트우드에서 고등학교에 다녔습니다. 부자 동네, 좋은 학교에서 성적도 우수했고, 학생회장도 지냈습니다. 부유한 가정의 딸로 멋진 스포츠카를 타고 다녔고, 잘생긴 남자친구도 있었습니다.

케이티 데이비스는 12학년(한국 고3) 여름방학 때, 3주간 우간다 고아원에 단기선교를 갔었습니다. 밤늦게 숙소에 도착한 다음 날 아침, 눈을 뜨니 온통 새까만 얼굴들이 자기를 내려다보고 있더랍니다. 고아원의 아이들이 백인 소녀를 구경하였던 것입니다. 케이티가 눈을 뜬 것을 보고 일제히 미소 짓는 입술 사이로 반짝이는 흑인 아이들의 하얀 치아를 보는 순간 마음을 빼앗깁니다. 미국으로 돌아와 고등학교를 졸업하면서 '대학에 입학하기 전, 1년만 봉사하고 대학에 가겠다'라고 부모님을 설득했습니다. 케이티는 부모님의 허락을 받아 우간다로 선교를 떠납니다. 새까만 눈동자의 천사들을 찾아 그들을 섬기는 행복한 시간을 보내고 있었습니다.

그러던 어느 날, 다섯 살 난 스코비아가 케이티 데이비스에게 "엄마라고 불러도 돼요?"라고 묻습니다. 초롱초롱 반짝이는 눈으로 묻는 스코비아의 질문에 스무 살의 케이티 데이비스는 숨이 막힙니다. 그녀는 "YES"라고 대답합니다. 이 대답으로 그녀의 삶이 완전히 바뀌고 맙니다. 그녀는 이름뿐이 아닌 진짜 엄마가 되기로 하고 스코비아를 입양합니다. 그렇게 시작된 엄마 케이티는 어느새 14명의 우간다 아이들의 엄마가 되었습니다. 그들의 '진짜 엄마'로 평생을 살기 위해 우간다에서 살기로 결정했습니다.

그렇지만 쉽지 않았습니다. 깜깜한 우간다의 밤하늘을 보며 고국을 그리워합니다. 고국에 있는 부모와 남자친구가 보고 싶어 울 때도 있었습니다. 방 안에 들어온 생쥐가 무서워 침대에서 내려오지도 못한 날도 있었습니다. 아이의 몸속에서 벌레가 심어놓은 알집을 파내며 몸서리를 쳤습니다. 아이들의 기저귀를 갈아주다 지렁이만 한 기생충을 보고 기절초풍했습니다. 20대 초반의 미국 소녀가 우간다의 산골 마을에서 살기는 쉽지 않았습니다.

그러나 케이티 데이비스는 우간다에서 맛보는 참된 행복을 버릴 수가 없었습니다. 예수님을 닮은 마음으로 아이들을 돌보고 삶을 나누는 행복은 세상의 무엇과도 바꿀 수가 없었습니다. 버려진 아이들의 엄마가 되어 그들을 돌보고 그들과 더불어 살아가는 나눔의 삶은 명문대를 졸업하고, 멋진 차를 타고 안락한 집에서 살아가는 미국인의 생활과 비교할 수 없는 근사한 삶이라는 것을 20대의 케이티 데이비스는 깨달은 것입니다.

우간다에서 도와야 할 아이들이 400명으로 증가하면서 모금을 하러 미국을 방문합니다. 그런데 이상하게도 미국에서의 삶이 낯설고 불편하게 느껴졌다는 것이었습니다. 그 이유는 미국에서 생활은 하나님을 바라보지 못한다는 것이었습니다. 미국에 오니 자꾸만 예수님을 잃어버리게 됩니다. 좀 더 정확하게 말해 예수님이 없어도 되는 사회 시스템이었습니다.

우간다에서는 몸이 아프면 기도할 수밖에 없지만, 미국에서는 약국이나 병원을 찾아가면 해결이 됩니다. 먹을 것이 없으면 우간다에서는 기도를 해야 합니다. 하지만 미국에서는 슈퍼마켓으로 달려가 사서 먹으면 됩니다. 무엇을 어찌해야 할지 고민이 되면 우간다에서는 기도해야 합니다. 하나님의 응답이 필요합니다. 그런데 미국에서는 엄마나 친구에게 전화하면 됩니다.

우간다에서는 매 순간 하나님의 도우심이 없이는 살 수 없어서 늘 하나님과 소통하며 지냈는데 미국에서는 먼저 하나님께 달려가야 한다는 사실을 자꾸만 잊게 됩니다. 우간다에서 눈뜰 때부터 잠들 때까지 항상 하나님이 필요했습니다. 그런데 하나님이 없어도 되는 미국 생활이 이상합니다. 가난하지만 나누며 섬기는 우간다의 삶이 풍성한 미국보다 더 행복함을 깨닫습니다. 그래서 급히 일정을 조정해서 우간다로 돌아갑니다. 물질적으로는 가난하지만, 영적으로는 더 풍요로운 참된 행복을 깨달은 것입니다.

케이티 데이비스는 세계를 깨우는 멋진 삶을 삽니다. 필자의 딸이 이런 결정을 내리고 우간다로 간다면 마음이 아플 것 같습니다. 그러나 딸의 결정과 삶에 박수를 보내며 축복할 것입니다. 왜냐하면 그 삶이 진정한 행복의 삶이요 영원한 기쁨을 붙잡는 삶이기 때문입니다. 비록 우리가 아프리카나 남미로 갈 수 없다고 해도 케이티 데이비스가 주는 교훈을 붙잡으면 동일한 행복을 누릴 수 있을 것입니다. 버리고 나누고 섬기는 삶의 축복과 행복을 누리시길 바랍니다.

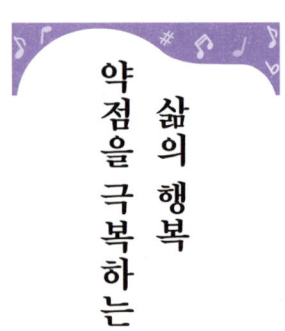

약점을 극복하는 삶의 행복

향년 76세로 사망한 물리학자 스티븐 호킹 박사는 천재 물리학자로 우주론에 이바지한 학자입니다. 그러나 또 다른 스티븐 호킹 박사의 놀라운 기록이 있습니다. 전신 근육이 서서히 마비되는 근위축성측삭경화증(ALS), 이른바 '루게릭병'에 걸렸지만 55년간 생존한 최장수 루게릭 환자라는 사실입니다. 이런 면에서 스티븐 호킹은 '의학계의 기적'으로도 불린답니다.

1963년 당시 21살에 루게릭병 발병 확인 후 의사들은 스티븐 호킹이 2년밖에 살지 못한다는 선고를 내렸습니다. 하지만, 스티븐 호킹 박사는 무려 55년을 생존했습니다. USA 투데이는 루게릭병을 앓았던 스티븐 호킹이 어떻게 이토록 오래 생존할 수 있었는지 보도했는데 세계 루게릭협회 최고 의학자인 루시 브루이즌 박사는 "스티븐 호킹의 수명은 예외적이다. 나는 루게릭병에 걸린 후 그처럼 오래 산 환자는 본 적이 없다"라고 말했습니다.

옥스퍼드를 3년 만에 졸업하고 스무 살에 케임브리지대학 박사과정에 갈 때만 해도 그는 조정선수로도 활약할 만큼 건강한 청년이었습니다. 그러나 그는 별다른 이유 없이 자꾸 넘어졌습니다. 아버지는 그를 전문의에게 데려갔고, 마침내 근육이 점점 수축하여 심장근육에까지 이르면 사망하는 루게릭병이라는 사실을 알게 되었습니다.

건강이 악화하였지만, 그는 더 큰 명성을 얻었습니다. 아인슈타인이 일반 상대성이론에서 예견했던 우주 '특이점'의 존재를 스물세 살 때 박사학위 논문에서 증명했습니다. 서른

두 살 때 영국 학술원 최연소 회원이 되면서 '제2의 아인슈타인'이라는 수식어까지 얻었습니다. 77년에는 케임브리지대학 중력물리학 정교수로 임명됐고, 88년에 『시간의 역사』를 펴내 세계적인 화제를 불러일으켰습니다. 20개국에서 1천만 권 이상 팔렸고 미국 베스트셀러 차트에 55주 동안이나 머물렀습니다.

루게릭을 앓으면 어떤 기분인가 하는 질문을 받을 때마다 스티븐 호킹은 별다른 기분을 느끼지 않는다고 대답합니다. "가능한 한 정상적으로 살려 하고 내 상태에 대해 생각하지 않으려 한다. 내가 할 수 없는 일에는 신경 쓰지 않는다. 실제로는 못 하는 일도 별로 없다"라고 대답했습니다.

캐나다의 제20대 총리 장 크레티앙 자유당 당수는 선천적인 장애인이었습니다. 왼쪽 안면 근육마비로 한쪽 귀가 멀고 발음이 불분명한 그는 정치 만화가들로부터 회화적 대상이 되기도 했습니다. 그는 자신의 신체적 멍에를 딛고 캐나다 선거 사상 가장 빛나는 승리를 쟁취한 주인공이었습니다.

그는 30년 정치 생활을 통해 '말은 잘 못 하는 대신 거짓말은 않는다!'라는 말을 만들었습니다. 그는 자신의 정직함과 성실함으로 자신의 불리한 조건을 이겨냈습니다. 그는 선거 유세에서도 언어장애와 그로 인한 고통을 솔직히 시인함으로써 오히려 유권자들의 많은 지지를 받았습니다.

퀘벡주 몬트리올 인근 셔위니건의 변호사 출신인 그는 시골호박이라는 별명을 얻을 만큼 수수한 농담과 청바지를 즐기는 소탈한 성품이라고 합니다. 63년 스물아홉 살로 하원의원에 당선하여 정계에 발을 디딘 뒤 68년부터 84년까지 16년간 부총리와 재무, 공업, 법무 장관등 주요 직책을 거쳐 풍부한 행정 경험이 있는 유능한 정치인이라고 전해집니다.

스티븐 호킹 박사와 장 크레티앙 총리의 삶이 더욱 빛나는 것은 그들은 그들에게 주어진 치명적인 약점을 극복한 영웅들이기 때문입니다. 모든 인생은 약점이 있습니다. 경우에 따라서는 그 약점이 치명적일 수 있습니다. 그러나 약점은 불편하지만 극복하면 큰 영광과 기쁨으로 보상받을 수 있습니다. 약점에 짓눌리지 말고 약점을 극복하여 행복과 영광을 누리시길 바랍니다.

감사로 누리는 행복!
감사가 행복을 만든다!
감사의 효과
미소가 행복입니다!
미소를 연습하라!
칭찬으로 행복 만들기
'자기'를 가꾸면 행복이 자란다!
행복과 역경지수 기르기!
난관을 극복하라!
실패의 가치를 알자!
효과적인 용서법(REACH)

제3부

행복을 누리는 지혜

긍휼로 흘리는 눈물이 치료제입니다
마음의 여유가 행복을 만듭니다!
Grit, 인내지수 그리고 행복!
끈기와 근성(Grit)으로 누리는 행복!
과정을 즐겨라!
공존의 지혜로 누리는 행복!
감탄하면 행복해진다!
공감이 행복이다
나눔이 행복이다!
행복 장애물을 제거하라!

감사로 누리는 행복!

김동인의 사초집을 보면 고려 말년인 1430년경 과거에 급제하여 세종대왕 때에 우의정을 지낸 바 있는 유관이란 사람을 소개하고 있습니다. 유관은 그의 생활이 청빈하였을 뿐만 아니라 감사하기를 잘하는 사람으로 유명했었다고 합니다. 얼마나 그가 청빈한 생활을 하였던지 우의정을 지내기 전까지만 해도 그는 변변한 집 하나도 없는 가난한 관료였습니다. 그는 조정의 고위 관직자였지만, 집을 갖지 못하고 동대문 밖에 살았답니다. 그런데 그가 살았던 초가집은 울타리와 대문도 없는 초라한 집이었답니다.

그런데 이 초가집마저도 지붕을 수리하지 못하여 군데군데 하늘이 보일 만큼 구멍이 뚫어져 있었답니다. 그래서 비가 오면 새지 않는 곳이 없었습니다. 그러나 유관은 조금도 불평하지 않고 매사에 감사하였습니다. 장마철이 되어 비는 매일같이 내리고 방 안에는 편히 누울 곳도 없이 빗방울이 소리를 내며 떨어지는 형편이었습니다. 그러자 유 관 부부는 비가 새지 않는 곳으로 이리저리 옮겨 앉으며 비를 피하다가 나중에는 너무도 많은 비가 쏟아져 방안에서 우산을 받쳐 들고 앉아서야 겨우 비를 피하게 되었습니다.

한참이나 소동을 벌인 후 기가 막혀 화가 나 있는 아내에게 유관은 위로하여 말하기를, "여보! 그래도 우리는 우산이 있으니 이처럼 심한 비를 피할 수라도 있는 것이 아니오. 우리처럼 우산도 없는 집이야 지금 이 비에 오죽이나 하겠소. 그러니 감사합시다"라고 하였답니다. 이것은 불행 중에서도 감사할 수 있는 마음의 여유를 가진 사람의 멋을 보여줍니다.

영국 트랜취 감독의 '감사'라는 시의 내용입니다.

"어떤 사람은 자기의 가는 평탄한 길에 조그마한 구덩이만 있어도 벌써 하나님을 원망하고 사랑을 원망한다. 또 어떤 사람은 자기의 가는 험하고 캄캄한 길에 조그마한 빛만 비추어도 하나님이 주시는 자비로우신 빛이라 하여 감사의 기도를 올린다. 화려한 궁전에 살면서도 인생이 왜 이리 괴로우며 기쁜 일은 하나도 없느냐고 얼굴을 찡그려 불평하는 사람이 있으며 게딱지 같은 오막살이에 살면서도 우리를 지키시는 하늘 아버지의 한없는 은혜와 사랑을 진심으로 감사하는 사람이 있다."

감사는 선택입니다.

일본에 미즈노라는 시인이 있습니다. 그런데 미즈노 씨는 참혹한 장애인이었습니다. 전신이 해삼처럼 퍼져서 수족을 제대로 움직이지 못하며, 듣지도 못하고 말하지도 못하며 물론 글도 쓸 수 없습니다. 그가 의사를 발표할 수 있는 유일의 길은 눈을 반짝이는 것뿐입니다. 그가 작품으로 발표한 시는 그의 어머니의 희생으로 이뤄진 것입니다.

그가 시를 쓸 때는 그의 어머니가 일본어 50자표를 걸어 두고 막대기로 한 자씩 짚어 내려가다가 미즈노가 원하는 글자에 막대기가 서면 그가 눈짓합니다. 그러면 어머니가 그 글자를 백지에 써 두고, 또 짚어 내려가다가 다음 글자를 쓰는 식으로 미즈노 씨의 마음에 있는 시가 표현됩니다.

그러므로 시 한 수를 쓰기 위해서 긴 시간과 두 사람의 인내가 필요했습니다. 그 시가 일본 문단의 걸작이 되고 베스트 셀러가 되며, NHK 방송의 특집으로 보도되었습니다. 일본 열도를 울렸습니다. 미즈노 씨의 시집에 '내 은혜가 네게 족하도다'라는 작품이 있습니다. 도대체 미즈노가 어떻게 하나님의 은혜가 족하다 하겠습니까. 하나님을 원망해도 부족할 터인데.

파스칼은 "사람은 같은 사건에서 웃기도 하고 울기도 한다"라고 했습니다. 우리는 같은 조건에 살면서도 어떤 사람은 하나님의 은혜를 체험하고, 어떤 사람은 오히려 하나님을 원망합니다. 미즈노 씨가 체험한 하나님 은혜를 생각한다면 우리는 어떤 환경에서도 감사할 수 있습니다.

사무엘 존슨이란 사람은 말하기를 "감사는 위대한 교양이다"라고 하였습니다. '프랑스 혁명사'로 그 이름을 전 세계에 떨친 영국의 역사가이며 평론가인 칼라일은, "나는 암흑을 사랑하고 암흑 속에서 살았으며 죄인들의 괴수로 빛을 미워하고 경건한 생활을 비웃었으나 하나님은 나에게 풍성한 자비를 베푸셨으므로 나는 하나님 은혜에 감사하노라"라고 하였습니다.

미국의 유명한 텍사스 주립대학 MD 앤더슨 암센터에서 31년간 연구한 김의신 박사는 암치료를 연구한 결과 믿음으로의 감사가 실제로 암을 극복하는 데 효과가 있었다고 전합니다. 진정한 감사는 정서에 좋은 반응을 일으켜 혈압을 떨어뜨리고 소화 작용을 촉진한다고 강조했습니다. 감사의 능력을 과학으로 입증한 것입니다.

감사가 행복을 만든다!

오래전 리더스 다이제스트에 에비 로빈슨에 관한 기사가 실렸습니다. 이 사람은 트레일러 운전기사인데, 그가 자동차 운전을 하다가 사고가 났습니다. 이 사고로 에비 로빈슨은 실명하였습니다. 졸지에 시력을 잃어 앞을 볼 수가 없게 된 것이었습니다.

그러나 이때 에비 로빈슨은 실명 후에도 원망하거나 불평하지 않았습니다. 그는 오히려 하나님께 감사드렸습니다. 저녁마다 뜰에 나가 잔디밭에 무릎을 꿇고 감사하였답니다. 그는 고백하기를 "하나님 감사합니다. 비록 실명된 몸이나 내 생명 잃어버리지 아니하고 살아있다고 하는 사실에 하나님 앞에 감사합니다." 하며 기도했습니다.

그는 그렇게 매일 저녁 잔디밭에 나가 무릎을 꿇고 감사기도를 드렸습니다. 이렇게 기도하기를 3개월 정도 하던 어느 날 그는 다시 보게 된 것입니다. 시력이 회복되었습니다. 그는 눈을 뜨고 난 다음 매일같이 "저 아름다운 꽃잎들, 저 벌레 소리, 저 모든 생명, 이것으로 인해 감사합니다"라고 고백했습니다. 그의 마음에 감사가 가득했습니다. 에비 로빈슨 자동차에 "하나님! 당신의 기적을 감사합니다"라는 스티커를 붙이고 다녔다고 합니다.

감사의 능력은 놀랍습니다. 감사를 고백하면 마음에 평화와 기쁨이 임하는 것은 물론이고 육신의 약함과 고통도 극복됩니다. 미국 마이애미대 심리학 교수 마이클 맥클로우는 "잠깐 멈춰 서서 우리에게 주어진 감사함을 생각해 보는 순간 우리 감정 시스템은 이미 두려움에서 탈출해 아주 좋은 상태로 이동하고 있는 것"이라고 말한다. 마치 승리에 도취된 감정을 느낄 때와 유사한 감정의 선순환을 만든다는 것이다. 그렇습니다. 감사에는 큰 능력이 있습니다. 감사의 능력을 증명하는 자료들은 차고 넘칩니다.

가와카미 기이치는 2차 대전 일본해군 장교로 참전했습니다. 일본이 패망하자 가와카미 기이치는 분노합니다. 패망한 것 자체도 분노의 대상이었지만 패망했는데도 멀쩡하게 살아가는 일본 사람들이 모두 이상했습니다. 분노합니다. 그의 마음은 매일 부정적 태도와 절망감으로 가득 찼습니다. 과도한 스트레스는 가와카미 몸을 망가뜨렸습니다.

그래서 그는 온몸이 마비되는 병이 생겼습니다. 의사인 후치다 씨의 치료를 받습니다. 의사가 물었습니다. 기이치 씨 낫고 싶습니까? 낫고 싶습니다. 그럼 제가 시키는 대로 할 수 있겠습니까? 예 무엇이든지 하겠습니다. 그럼 저를 한번 따라 해보세요! "감사합니다!" 기이치는 당황했습니다. "감사합니다"라고 말하려니 어처구니가 없었습니다.

분노와 미움으로 가득 차고 결국 온몸이 마비되는 병까지 생긴 마음에서 "감사합니다!"라는 말이 제대로 나오지 않았습니다. 그럼에도 불구하고 의사는 계속 감사할 것을 요구하였습니다. 의사는 오늘부터 "감사합니다!"라는 말을 하루 만 번씩 하셔야 합니다. "감사하는 마음만이 당신의 마비된 몸을 치료해 줄 수 있습니다"라고 했습니다. 강력한 의사의 권면을 듣고도 솔직히 가와카미 기이치는 감사하다는 말이 나오지 않았습니다. 자신의 처지가 감사하지 않았고 "감사합니다!"라고 말하기가 내키지 않았습니다. 하지만 병을 고치겠다는 의지로 날마다 "감사합니다!"라는 말을 반복했습니다.

그런데 희한하게도 "감사합니다!"라는 말을 반복할수록 마음을 가득 채우고 있던 화가 빠져나가기 시작했습니다.

화가 빠져나가니 마음이 가라앉고 평안해졌습니다. 가와카미 기이치의 표정과 태도가 변하기 시작하면서 가족들의 마음도 평안해졌습니다. 자연스럽게 집안 분위기도 밝아졌습니다.

어느 날 막내아들이 감나무에서 잘 익은 홍시 두 개를 따서 기이치에게 주었습니다. 아버지는 아들이 주는 것이니 "감사합니다!"라는 말을 하지 않아도 되는데 습관이 되어서 자기도 모르게 "감사합니다!" 하면서 감을 받으려고 손을 내밀었습니다. 그때 마비되었던 손이 움직여지면서 감을 잡을 수 있었습니다. 감을 주는 막내아들도 감을 받은 아버지도 깜짝 놀랐습니다. 손이 움직이기 시작한 기적이 끝이 아니었습니다. 이어서 팔다리 온 몸체가 움직이기 시작하였습니다. "감사합니다!"라는 고백이 가져온 기적이었습니다.

행복을 연구하는 사람들이 추천하는 가장 우선되는 행복 문화는 감사입니다. 감사하는 개인, 감사하는 공동체, 감사하는 조직은 반드시 행복을 누리게 됩니다. 행복한 교회를 원하시나요? 감사하는 교회 공동체를 만들어 보세요! 행복한 가정을 꿈꾸시나요? 감사하는 가정 문화를 만들어 보세요.

감사의 효과

미국의 실업가 중에 '스탠리 탠'이라는 사람이 있습니다. 그는 회사를 크게 세우고 돈을 많이 벌어서 유명하게 되었는데, 1976년에 갑자기 병이 들었습니다. 척추암 3기라는 진단을 받았습니다. 당시 의술로는 척추암은 거의 불치병이었습니다. 척추암은 당시 의술로는 수술로도, 약물로도 고치기 힘든 병이었습니다.

이 사실이 알려지자, 사람들은 그가 절망 가운데 곧 죽을 것으로 생각했는데, 몇 달 후에 그가 병상에서 툭툭 털고 일어났습니다. 사람들은 깜짝 놀라서 아니 어떻게 병이 낫게 된 것입니까? 하고 물었습니다. 그러자 스탠리 탠은 "아 네, 전 하나님 앞에 감사만 했습니다. 매 순간 하나님께 감사기도를 드렸더니 병이 나았습니다"라고 대답하였습니다.

그리고 이어서 자신의 기도를 소개했습니다. 그가 소개하는 기도는 감사기도였습니다. "전 이렇게 기도했습니다. 하나님, 병들게 된 것도 감사합니다. 병들어 죽게 되어도 감사합니다. 하나님, 저는 죽음 앞에서 하나님께 감사할 것밖에 없습니다. 살려 주시면 살고, 죽으라면 죽겠습니다. 하나님, 무조건 감사합니다." 그는 이렇게 감사기도를 계속 드렸답니다.

그는 이렇게 감사기도를 드리다 병이 나았습니다. 척추암 3기 진단을 받고 매 순간 감사하고 감사했더니 암세포는 없어졌고 건강을 되찾았습니다. 그가 다시 회복하게 된 것은 '감사' 때문이었습니다. 그는 구체적으로 감사의 능력을 경험한 것입니다. 감사의 능력을 경험하는 사람들이 많습니다.

요즘 미국의 정신병원에서는 우울증 환자들을 치료하기 위해서 약물치료보다는 소위 '감사' 치유법을 더 많이 사용한다고 합니다. 환자들로 하여금 자신의 삶에서 감사한 일들은 무엇일까를 찾아내게 하고 감사의 마음을 회복하도록 돕는 것입니다. 그런데 놀랍게도 약물치료보다도 이 감사 치유법이 훨씬 더 효과가 탁월하다는 것입니다. 이 감사 치유법은 단지 정신과적인 치료에만 효과가 있는 것이 아니라, '스탠리 탠'의 경우와 같이 육체의 질병에도 효과가 있습니다.

긍정의 심리학으로 유명한 미국 펜실베이니아대학 마틴 세리그먼과 피터슨 교수는 '사람을 행복하게 만드는 데 정말 중요한 것이 무엇인지'에 대한 연구를 했습니다. 연구 결론은 '행복한 사람은 희망, 사랑, 감사하는 태도의 세 가지 특성이 있다'였습니다. 이 중에서 희망과 사랑은 가꾸기가 어렵답니다. 강퍅한 사람이 사랑스러운 사람으로 변하기도 어렵고, 절망한 사람이 갑자기 희망적인 사람이 되기가 쉽지 않답니다. 행복감의 증대가 가장 쉬운 특성이 감사라고 합니다.

로버트 에먼스 교수는 10주 동안 관찰 실험을 했습니다. 참가자들을 두 집단으로 나누어 한 집단에는 매주 다섯 가지의 감사를, 다른 집단에는 다섯 가지의 걱정거리를 기록하게 했습니다. 결과는 매우 놀라웠습니다. 감사 집단은 불평 집단보다 삶의 만족도가 상승하고 건강이 좋아졌습니다. 두통, 기침, 어지러움 등이 줄었습니다.

감사하는 집단은 운동도 더 많이 하면서 행복지수가 높아졌습니다. 또 다른 만성 질환자 집단 실험에서도 감사하는 동안 기쁨과 자부심 같은 긍정적인 감정이 많아지고 깊은 숙면을 하면서 건강이 좋아졌답니다. 환자들에게 숙면은 매우 중요한 사항입니다. 감사는 탁월한 효과가 있습니다.

에먼스는 "사람이 은혜를 저버리면 자아가 위축되는 반면 감사하는 마음을 가지면 자아가 확장된다"라고 말합니다. 감사가 자존감을 높이고 감사가 긍정적 마음을 갖게 합니다. 로버트 에먼스 박사는 감사의 큰 힘을 실험으로 입증하였습니다.

피터슨 교수는 실험에서 대학생들에게 주변 사람에게 은혜를 입었지만, 감사를 표현하지 못한 사람들에게 감사 편지를 쓰라는 숙제를 주었습니다. 그리고 이 편지를 대상자들에게 전달하게 하였습니다. 학생들 대부분이 부모님께 감사 표현을 했는데 부모들이 감격해서 어쩔 줄 몰라 하는 것을 보고 연구팀들도 놀랐답니다.

그런데 감사를 주고받으면서 따뜻해지는 감정은 한동안 지속되다가 사라집니다. 연구팀은 그런 훈훈한 느낌, 행복한 느낌을 오래 지속시키는 방법을 연구하기 위해 학생들에게 새로운 과제를 주었답니다. 그것은 하루하루 감사한 일 세 가지와 그것이 왜 자신에게 의미가 있는지를 노트에 적게 했습니다. 학생들은 일상 중 작은 것이라도 감사할 것을 기록했는데, 그 과정에서 일상의 사소한 것들을 '지나치지' 않으면서 감사함을 발견하는 안목을 갖게 되었습니다. 6개월 동안 계속된 이 실험 후에 학생들의 행복도를 측정하였는데 '6개월 전에 비해 매우 행복해졌다'는 응답이 나왔습니다.

미소가 행복입니다!

 미소가 행복입니다. 행복하면 미소 짓습니다. 미소를 지으면 행복해집니다. 많은 사람이 미소의 유익을 말합니다. 지금까지 미소에 관한 많은 연구가 미소의 효과나 미소의 유익들을 강조합니다. 미소의 유익들이 상당히 많습니다. 그럼에도 불구하고 사람들은 미소 짓는 것을 소홀히 여깁니다. 즉, 의외로 많은 사람이 미소의 능력을 활용하지 않습니다. 아니 미소 짓는 법을 잊어버린 사람들이 많습니다.

사람들은 언제부터 미소지을까요? 초음파를 통해 연구해 보니 어머니 뱃속에서 임신 26주부터 미소 짓기 시작한답니다. 태아는 생득적으로 미소를 짓습니다. 그런데 성장해 가면서 미소를 잃어갑니다. 한 조사 결과에 따르면 성인들은 평균적으로 하루에 20회 정도 미소를 짓는답니다. 반면 아기들은 하루에 400회 정도 웃는답니다. 성인이 되면서 미소를 잃은 것입니다.

미소가 주는 선물들이 많습니다. 첫째, 미소는 뇌를 건강하게 합니다. 미소를 지을 때마다 뇌에서는 '잔치를 벌이는 효과'가 있습니다. 미소는 긍정적 정서를 갖게 합니다. 미소 짓는 그 자체만으로 잔치를 벌이는 것처럼 행복해지는 것입니다. 잔치를 벌이며 음식을 나누고 사람을 만나면 엔돌핀이 분비됩니다. 잔치를 통해서 행복감이 상승하고 더 기쁜 삶을 살게 된다는 것입니다. 미소를 지으면 잔치를 벌이는 것과 같은 효과가 있습니다. 저는 이것을 '미소 잔치'라 부릅니다. 행복하려면 '미소 잔치'가 필요합니다.

둘째로 미소는 육체를 건강하게 합니다. '미소는 만병통치

약이다!'라는 말이 있습니다. 애버딘 대학교 연구팀이 2011년에 발표된 자료에 의하면 "미소를 짓는 사람은 얼굴과 전 신체를 활기차게 한다."는 것입니다. 미소는 통증 완화 효과가 있습니다. 미소는 치유 촉진 효과가 있습니다. 치료받는 환자가 미소 지으면 치료 효과가 훨씬 더 좋다고 합니다.

'미소가 수명을 길게 한다'는 보고서가 많습니다. 심리학 학회지인 "Psychology today"에 1952년 미국 프로야구 트레이드 시장에 나온 선수들 150명 사진을 2009년에 분석하고 그들의 수명과 미소의 상관성을 발표하였습니다. 150명의 선수들 가운데 전혀 웃지 않았던 선수들 평균 수명이 72세였습니다. 억지로 미소 짓던 선수들 평균 수명은 75세였습니다. 만면에 미소를 머금은 선수들의 평균 수명은 80세가 되는 것으로 나타났습니다.

셋째로 미소는 사회성을 높여 줍니다. 미소를 지을 때 더욱 매력적인 사람으로 보인다고 합니다. 미소는 외향적이고 사회성이 뛰어난 사람으로 판단토록 하는 단서가 된다고 합니다. '동기와 정서(Motivation and Emotion)'라는 저널에 실린 조지타운 대학교 연구팀의 보고서에 따르면 '미소의 힘은 성별과 인종이라는 사회적 정체성에 대한 선입견도 약화한다.'고 합니다.

연구팀은 대학생 93명을 대상으로 얼굴 사진들을 보여줬습니다. 각 사진에는 백인 남성 2명, 백인 여성 2명, 동양인 남성 2명, 동양인 여성 2명 등 총 8명의 얼굴이 담겨 있었습니다. 연구팀은 실험 참가자 중 절반에게는 무표정한 얼굴이 담긴 사진을 보여줬고, 나머지 절반에게는 웃는 얼굴이 담긴 사진을 보여줬습니다. 그리고 사진 속에 담긴 얼굴만을 보고 상대방의 성향을 파악하도록 했습니다.

실험 결과, 무표정한 사진을 본 학생들이 웃는 얼굴을 본 학생들보다 성별과 인종 때문에 형성되는 선입견의 영향을 크게 받았습니다. 미소를 짓고 있는 얼굴의 사진을 본 학생들은 성별과 인종에 따른 선입견이 거의 느끼지 못했습니다. 요컨대 미소를 짓는 얼굴에서는 불편한 선입견이 없다는 것이 연구팀의 설명입니다. 인종과 성별에 대한 선입견은 미소로 상당한 수준까지 완화시킬 수 있다는 것입니다.

넷째로 미소가 행복으로 이끕니다. 미소의 중요성을 밝혀 주는 또 다른 자료가 있습니다. 대학 시절 사진을 찍은 여대생들의 30년 후의 삶을 보았습니다. 사진에서 미소 지었던 여학생들의 삶이 미소 짓지 않았던 여대생들의 삶에 비해 훨씬 행복하고 안정된 삶이었다고 합니다. 또 미소 짓는 학생들이 미소를 짓지 않았던 학생들에 비해 이혼율도 훨씬 더 낮았습니다.

미소는 대단한 효력이 있습니다. 억지로 미소 지어도 유익합니다. 미소가 보약입니다. 미소가 마음의 안정과 평안을 줍니다. 미소는 더욱 행복하게 하는 데에 결정적인 역할을 하는 요소입니다. 행복하려면 환한 미소를 지어야 합니다. 행복한 삶을 위해서 환한 미소를 짓는 연습을 해야 합니다.

미소를 연습하라!

미국 하버드 대학교 연구진은 간병인의 표정이 연로한 환자들에게 어떤 영향을 미치는지 연구했습니다. 그 결과 간병인의 표정에서 "따뜻함과 관심, 이해심이 느껴질수록" 환자들이 마음의 안정을 찾고 신체와 정신의 건강이 좋아지는 것으로 드러났습니다. 하지만 간병인의 몸짓과 표정에서 냉담이나 무관심이 느껴질 때는 반대의 결과가 나타났습니다.

미소란 우리가 무언가 즐겁고 활기찬 것을 찾아냈을 때,

우리가 얼굴에 짓는 동작입니다. 미소는 행복의 표현입니다. 또 미소는 반가움의 표현이요 사랑의 표현입니다. 가장 긍정적이고 유쾌한 마음을 얼굴로 표현하는 것입니다. 미소는 얼굴에 쓰는 행복과 기쁨의 싸인(Sign)입니다.

논리적으로 미소는 입술의 26개의 근육을 통해서 지을 수 있는 신체적인 요소라 표현할 수 있습니다. 물론 미소를 지을 때 얼굴 전체의 근육은 42개가 동원된다고 합니다. 반면에 화를 낼 때는 43개의 근육을, 놀랄 때 62개의 근육이 필요하다고 합니다. 다른 감정은 얼굴로 표현하기 위해 좀 더 복잡한 과정을 거친다고 할 수 있습니다(?). 그러므로 우리는 미소가 분노보다는 과정이 덜 복잡하고, 에너지 소모가 더 적다는 것을 알 수 있습니(?)다.

어른과 아이의 차이점이 많지만, 웃음이 사라지는 것이 중요한 차이입니다. 아이들은 하루에 400회 정도 웃는데 50대가 되면 하루에 15번~20번 정도만 웃는다고 합니다. 미소가 감소하는 만큼 불행하고 삶의 생동감이 없습니다. 미소가 없으면 삶의 희열이 없고 삶의 흥미가 사라진 것입니다.

인간의 뇌는 미소를 행복으로 인식한다는 것은 잘 알려진 사실입니다. 그래서 억지로 미소 지어도 심신에 유익합니다. 또 미소는 그 주변 환경에 긍정적인 영향을 줍니다. 인간의 뇌는 좀 더 미소 짓는 사람을 좀 더 신뢰하고 이런 미소 짓는 사람을 찾는 경향이 있다고 합니다. 그것은 우리의 마음이 친밀하고 행복을 전해주는 사람을 찾고자 하는 경향이 있기 때문입니다. 백화점에서 두 직원이 기다리고 있으면 고객들은 미소 짓는 판매원을 향해 다가가 말을 걸고 안내를 부탁한다고 합니다. 미소가 상대방에게 평안함을 주고 미소가 사람을 끄는 매력이 있음을 알려 주는 대목입니다.

미소가 실력입니다. 아름다운 미소는 가까운 이웃을 행복하게 하는 묘약입니다. 그러니 미소가 능력입니다. 인상이 좋다는 말은 아름답고 멋진 미소가 있다는 말입니다. 어떻게 하면 이런 근사한 미소를 지을 수 있을까요? 더 자주 더 근사한 미소를 지을 수 있는 노하우가 필요합니다. 미소 짓는 법을 소개합니다.

첫째 '미소를 거울 앞에서 연습하라'입니다. 미소가 아름다운 얼굴이 멋지고 아름다운 얼굴입니다. 미소는 근육운동입니다. 미소 근육이 발달해야 완벽한 미소를 지을 수 있습니다. 근사한 미소를 위해 연습해야 합니다. 마음에 드는 미소를 짓는 자신의 사진을 보고 거울 앞에서 미소를 연습하시기 바랍니다. 가장 마음에 드는 미소를 위한 미소 연습을 위해서 사용하는 시간과 에너지는 절대로 아깝지 않습니다.

둘째 '이웃과 미소 짓기를 연습하라'입니다. 친밀한 사람이 미소 연습 파트너가 되면 효과적입니다. 미소 연습 파트너로 가까운 친구가 좋습니다. 가족과 미소 연습을 하는 것도 아주 좋습니다. 형제나 자매끼리 미소를 연습해도 좋습니다. 부부끼리 미소를 연습하면 금슬도 좋아지고 가정의 분위기도 좋아집니다. 미소 연습을 잘하려면 미소 짓지 않으면 벌금을 내는 규칙이나 미소를 잘 짓는 사람에게 용돈을 주거나 상금을 주는 것도 좋습니다.

이렇게 미소를 연습하려면 미소의 유익에 대하여 미리 나누면 좋습니다. 미소 연습을 위해서 미소의 효력에 대한 공감대를 갖는 것이 중요합니다. 미소로 소통하는 관계를 갖는 것은 행복한 관계의 지름길입니다. 가족이 더불어 미소 짓는 것은 가정의 행복의 가꾸는 것입니다. 온 가족이 미소의 습관을 갖는 것은 성공과 행복을 위한 대로(大路)를 준비하는 것입니다.

셋째 '행복한 생각으로 미소 지으라'입니다. 행복한 마음으로 미소를 연습하는 것입니다. 진정한 미소는 기쁨과 행복에서 출발합니다. 홀로 있을 때, 혼자서 운전할 때 행복한 과거의 순간들을 머릿속에 그리며 행복한 미소 짓기를 연습하면 효과적인 미소 연습이 됩니다.

행복한 지난날의 경험을 머리에 떠올리며 행복한 미소를 지어 보십시오. 행복도 느끼고 미소도 연습하는 일석이조의 효과가 있습니다. 행복한 순간을 추억하는 것은 건강한 정서 개발에 아주 유익합니다. 아울러 앞으로 맞이할 행복할 상황들을 상상하며 미소를 짓는 것도 아주 좋습니다. 행복한 일들을 상상하며 미소 지어가며 미래를 가꾸어 가는 것은 인생의 지혜입니다.

칭찬으로 행복 만들기

호올 케인이라는 사람은 대장장이의 아들로 태어나 작가로 크게 성공한 사람입니다. 그의 저택은 관광객들의 성지가 되고 그의 재산은 반세기 전 250만 불이나 될 만큼 성공했습니다. 그의 성공은 남의 장점을 칭찬해 주는 그의 성품에 기인했다고 알려집니다. 칭찬이 그의 습관이었다는 것은 잘 알려진 일이었답니다. 그는 칭찬 잘 하는 사람으로 유명했습니다. 그는 주변 사람이나 아는 사람을 틈만 나면 칭찬하는 사람이었습니다.

칭찬하는 습관을 지닌 호올 케인은 주변의 사람들을 늘 칭찬했습니다. 특히 그는 당시 유명한 영국의 시인 로세티를 좋아하고 그의 예술적 공적을 칭찬하는 논문을 썼습니다. 그리고 더 칭찬하고 싶은 마음에, 자신의 논문을 복사해서 로세티에게 보냈습니다. 이것을 계기로 호올 케인은 로세티의 비서로 등용되었고, 호올 케인은 크게 출세했습니다. 칭찬하는 삶이 성공의 지름길이 되고 도약의 출발점이 되는 것을 보여주는 좋은 사례입니다.

이재명 목사의 『칭찬 한마디의 기적』이라는 책에 나오는 이야기입니다. 중학생 딸이 말썽을 부려서 고민하는 아버지가 상담소를 찾았습니다. 상담소장은 아버지로부터 딸의 사연을 다 듣고 아버지에게 숙제를 하나 주더랍니다. 아버지에게 주는 숙제란 '다음에 오실 때는 딸에 대해 칭찬할 것 20가지를 적어 오세요!'였습니다.

아버지는 화가 났습니다. 자신은 심각한 마음으로 상담소를 찾았는데 시시한 숙제를 내어 준 것입니다. 아버지는 불쾌하고 불편한 마음으로 여기저기에서 하소연했습니다. 그런데 그의 불평을 듣던 한 친구가 다른 의견을 제시합니다.

그 별로 어렵지도 않은 일인데, 전문가의 조언대로 한번 해 보는 것이 좋겠다는 조언이었습니다. 그 친구의 조언은 '작은 것 하나부터 칭찬할 것을 찾아보라!'라는 것이었습니다.

그 친구의 조언을 듣고 아버지는 딸에 대한 칭찬거리 20가지를 적어 보았습니다. 생각해 보니 20가지 칭찬거리가 보였습니다. 그 칭찬거리를 적어서 상담소장에게 가져왔습니다. 그랬더니 상담소에서는 그 딸에게 직접 보여주라 하더랍니다. 그것을 딸에게 보여주기가 쉽지 않았습니다.

미루고 미루다가 어느 날 용기를 내어 딸과 약속을 합니다. 약속된 저녁 시간에 제과점에서 만나기로 약속을 하였습니다. 딸은 아빠의 말을 듣는 시간부터 걱정이 되었습니다. 아버지의 평소 모습과는 전혀 다른 모습이었기 때문이었습니다.

드디어 그날이 되었습니다. 딸은 온종일 걱정했습니다. 그래 저녁에 만났는데, 아버지가 아무 말 없이 주머니에서 종이쪽지를 꺼내 들고는 "딸! 지금부터 아빠가 읽는 것을 잘 들어라!" 하면서 읽기 시작했답니다. "내가 너를 사랑하는 20가지 이유"라는 제목으로 글을 다 읽고 난 아버지는 겸연쩍고 민망해서 "내가 계산하고 먼저 간다!"고 말하고 먼저 나가 버렸습니다.

항상 야단만 맞은 딸은 아빠의 칭찬에 큰 감동을 합니다. 한참 동안 정신을 차리지 못하다가 정신을 차리고 아버지를 쫓아가 팔짱을 끼면서 이렇게 말했습니다. "아빠! 사랑해요. 아빠를 기쁘게 해드리지 못해서 죄송해요. 앞으로 열심히 공부하고 아빠가 기뻐하는 딸이 되도록 노력할게요." 아빠도 이런 딸의 반응에 감동하여 흥분합니다. 결국, 딸은 아빠의 칭찬에 힘입어 전혀 다른 사람이 되었습니다. 그렇게 딸이 변화되어 완전히 새사람이 된 것입니다.

행복이 자란다!
자기를 가꾸면

행복이 뭐냐고 묻는다면 PMP의 조합이라고 대답합니다. PMP는 행복을 구성하는 세 요소를 말합니다. 행복한 삶은 세 요소가 있어야 행복합니다. 첫째 행복한 삶에는 Pleasant life, 즐거운 삶이 있습니다. 둘째, 행복한 삶에는 Meaningful life, 삶에 의미가 있어야 합니다. 삶에 의미와 가치가 있어야 행복합니다. 셋째 행복한 삶에는 Productive life, 즉 생산성이 있어야 합니다. 발전이 있고 삶의 결실이 있는 삶이 되어야 행복합니다.

행복한 삶을 살려면 삶의 발전이 필요합니다. 자신을 개발하는 자기계발이 필요합니다. 자기계발은 자기 브랜드 가치를 높이고, 자기만의 고유성을 찾기 위한 가치 있는 투자입니다. 자기계발은 자신에 대한 관심과 사랑을 필요로 합니다. 자신을 사랑하는 사람이 자기계발을 합니다. 자기계발은 어렵고 긴 여정입니다. 그러나 자기계발의 열매는 달콤합니다. 자기계발을 하는 사람들이 행복할 확률이 훨씬 더 높습니다.

취업포털 잡코리아가 직장인 894명을 대상으로 한 설문조사에서 자기계발을 하는 직장인이 그렇지 않은 직장인에 비해 월급이 평균 24만 원가량 높았고, 자기계발을 하는 직장인은 일에 대한 행복감도 더 높은 것으로 나타났습니다. 자기계발을 하는 직장인의 일에 대한 행복 지수는 10점 만점에 5.9점인데 자기계발을 하지 않은 직장인은 4.9점으로 자기계발을 하고 있는 직장인보다 훨씬 낮은 점수를 얻었다고 합니다.

최근 자기계발에 관한 책들이 쏟아져 나오고 있습니다. 자기개(계?)발서는 독자들에게 자신을 가꾸는 조언들이 있습니다. 제시된 다양한 자기 가꾸기 방안 중에서 실천이 가능하고, 결과가 효과적인 것들을 간략하게 정리해 봅니다.

첫째는 '자기 긍정하기'입니다. 행복하려면 긍정적 사고를 가져야 합니다. 긍정적 사고의 근본은 자기 긍정입니다. 기독교 신앙인들은 하나님 섭리를 믿습니다. 자신의 삶이 하나님의 섭리 가운데 있고, 삶이 하나님의 선물이라고 믿습니다. 그렇습니다. 우리 삶은 하나님의 선물입니다. 우리 삶을 있는 그대로 받아들여야 합니다.

우리가 삶을 가꾸어가는 출발점이 여기에 있습니다. 하나님의 선물인 우리 삶을 돌보고 가꾸는 것이 우리의 의무입니다. 이를 위해 우리는 우리 삶을 긍정하고 사랑해야 합니다. 우리 삶의 형편이 우리 기준에 미치지 못해도 긍정해야 하는 것은 하나님의 선물인 까닭입니다. 우리 삶에 주어진 상황과 재능 그리고 이웃들을 사랑하고 귀히 여겨야 합니다.

둘째 자기 격려하기입니다.
'격려'는 영어로 encouragement입니다. 용기를 불어넣어 주는 것을 의미합니다. 자기 격려는 자기에게 용기를 주는 것입니다. 행복한 삶을 원하는 사람은 자신에게 용기를 주어야 합니다. 행복을 원한다면 자기 자신과 현재 삶에 후한 점수를 주어야 합니다. 자신에게 관대한 사람이 행복할 가능성이 훨씬 큽니다. 행복한 삶을 위해서 우리는 자신에게 끊임없이 용기를 주어야 합니다.

자신을 격려하는 최선의 방법은 자신을 사랑하는 것입니다. 자기 사랑의 방법들을 소개합니다. 자신을 위한 시간을 갖습니다. 자신이 좋아하는 음악을 듣거나 자신이 좋아하는 음식을 먹습니다. 자신에게 선물을 사 줍니다. 자신을 사랑하는 고백을 하고 자신을 사랑하는 시간을 갖습니다.

셋째, 특기 발견하기입니다. 행복한 인생은 발전하는 인생입니다. 아니 건강한 행복에는 자기발전이 있습니다. 자기발전이 없는 사람은 행복하기는 참으로 어렵습니다. 자기발전은 자신의 능력과 은사를 발견하는 것에서 시작합니다. 자신의 특기를 발견하고 그 특기를 연마하고 특기를 개발할 때 자기발전이 분명해지고 삶은 더욱 풍성해집니다. 자신의 특기를 개발할 때 자신의 핵심 역량이 강화되어 삶의 질이 훨씬 더 높아집니다. 어제보다 나은 오늘의 자신을 만들어 가는 것이 행복을 만드는 것입니다.

넷째, 목표 설정하기입니다. 행복한 삶을 위해서 목적이 있는 것은 매우 중요한 일입니다. 물론 목표가 건강해야 합니다. 건강한 목표가 있으면 행복할 가능성이 아주 많이 커집니다. 건강한 목표가 있으면 몰입이 가능합니다. 근래에 제시되는 행복학 이론은 몰입을 강조합니다. 몰입해야 행복합니다. 몰입은 목표가 분명할 때 가능합니다. 그런데 목표가 있으면 몰입합니다. 또 목표가 있어야 발전이 있습니다.

자기발전을 통해서 자신의 삶의 열매를 확인하며 사는 것이 행복입니다. 자신을 계발하여 자기답게 사는 것이 행복한 것입니다. 자기를 계발하여 발전되고 성숙한 삶을 사는 것이 생명을 누리는 길이고 풍성한 생명을 누리는 길입니다. 자기발전을 꾀하세요! 잠자는 자신을 깨우세요!! 자기발전이 행복증진입니다.

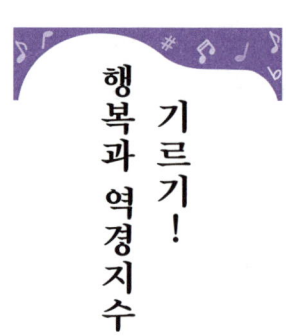

행복과 역경지수 기르기!

코로나의 영향이 일파만파였습니다. 평범한 삶이 부서졌습니다. 이런 어려움을 이겨내는 힘이 중요합니다. 고난을 이기는 능력을 지수화한 것을 역경지수(AQ: Adversity Quotient)라고 합니다. 역경지수(AQ)는 심리학자들이 인생을 성공적으로 살게 하는 3개 지수중의 하나라고 합니다. 심리학자들은 인생성공을 위한 3Q는 역경지수(AQ), 지능지수(IQ:Intelligence Quotient) 그리고 감성지수(EQ:Emotional Quotient)를 말합니다. 인생에는 반드시 역경이 있고, 우리는 역경을 참고 이겨야 하므로 역경지수(AQ)는 중요합니다.

역경지수(AQ)라는 말은 1997년 미국의 커뮤니케이션 이론가요 하버드 대학교 교수였던 폴 스톨츠(Dr. Paul Stoltz)가 만들었습니다. 이것은 어려움을 견디며 극복해 나가는 능력을 의미합니다. 스톨츠 박사는 21세기는 IQ나 EQ보다 AQ가 더 중요한 시대라고 말합니다. 그리고 역경지수가 높은 사람이 성공과 행복을 누릴 확률이 가장 높다고 주장합니다. 역경지수(AQ)는 어려울 때 더 필요하고 빛을 발하는 덕목입니다.

역경지수(AQ)는 무모한 '깡다구'와 다르고, 근거 없는 배짱이나 근성과 다릅니다. 역경지수는 냉철한 현실 인식과 합리적 판단, 그리고 끝까지 역경과 맞서는 끈기와 인내가 적절히 어우러진 힘입니다. 역경지수는 네 가지 기준을 갖고 있습니다. 네 기준은 역경지수(AQ)를 평가하는 요소들입니다. 네 요소는 C:Control(통제력), O:Ownership(책임감), R:Resistance(저항력), E:Endurance(참을성) 즉 CORE입니다. 역경을 이기려면 자제력과 윤리적 책임감, 고난을 저항하고 인내하는 능력이 필요하다는 것입니다.

　스톨츠 박사는 등산을 예로 들어 역경지수를 설명했습니다. 그는 난관을 만났을 때 등산가들의 대처유형을 세 부류로 나누었습니다. 먼저, 난관에 포기하는 사람(quitter)이 있고, 둘째, 현실에 안주하는 사람(camper), 셋째, 장애를 넘어가는 사람(climber)이 있습니다. 물론 난관을 헤치고 전진하는 등반가(Climber)의 AQ가 가장 높습니다. 요컨대 역경지수(AQ)는 새로운 스트레스에 능동적이고 창조적으로 대응할 수 있는 능력 수준을 의미합니다.

　고난의 언덕을 넘을 때 더 큰 행복이 있습니다. 행복학자들은 행복한 삶의 지름길이 역경지수를 높이는 것이라고 충고합니다. 어떻게 역경지수를 높일까요? 인생 코치들이 전하는 고통을 당할 때 창조적으로 역경을 이기는 비결, 역경지수 강화 비결을 정리하여 소개합니다.

　첫째, 고통은 끝난다는 것을 기억하라!입니다. 실패는 순간의 좌절입니다. 삶의 고통도 잠시면 끝납니다. 고통에 시달릴 때 이 고통이 영원할 것 같은 느낌이 듭니다. 그러나 지난 고통의 순간들을 되돌아보면 그리 길지 않았음을 쉽게 깨닫습니다. 현재 고통도 곧 끝날 것입니다. 현재 고난이 곧 하나의 추억이 될 것입니다. 고통의 시간을 보낼 때 곧 끝난다는 것을 기억하고 당당히 맞서야 고통의 세월을 창조적으로 보낼 수 있습니다.

둘째, 실패로부터 삶의 교훈을 배워라!입니다. 실패나 그 실패로 인한 고통은 우리 인생의 스승입니다. 그래서 실패는 성공의 어머니라고 말합니다. 인생을 적극적으로 사는 사람은 인생의 고통을 통해 배우는 사람입니다. 실패를 통해서도 배우지 못하는 사람은 희망도 스승도 없는 인생입니다. 그러나 고통을 통해서 배우는 사람에게는 아픔이 실력이 되고, 고통과 좌절이 계급장이 됩니다. 실패나 고통은 위대한 인생의 스승입니다.

셋째, 고난의 희생양 되기를 거부하라!입니다. 사람이 고통을 당하면 피해의식에 사로잡힙니다. 그리고 스스로 자기연민에 빠집니다. 심지어 자신의 고통이 당연하다고 생각합니다. 고통당할 때 자기희생(Victimization)이나 자기경시 혹은 자기 비하(Self-depreciation)를 피해야 합니다. 누구나 고난을 겪습니다. 고난이 부끄러운 일이 아닙니다. 고난 앞에 당당해야 합니다!

넷째, 고통에 스스로 굴복을 거부하라!입니다. 사람들은 고통을 당할 때 쉽게 포기합니다. 많은 사람이 고통 앞에 포기를 선택합니다. 고통 때문에 포기하는 사람은 성공할 수 없습니다. 고통 때문에 포기하는 것은 고통에 굴복하는 것입니다. 고통은 힘들고 어렵습니다. 그러나 고통을 참고 견디면 반드시 기쁨과 행복을 만날 수 있습니다.

우리는 앞으로도 여러 어려움을 만날 것입니다. 마치 코로나로 도시가 정지되고 삶이 마비되었던 것처럼. 우리 모두 이런 고난의 언덕을 넘어야 합니다. 우리가 코로나를 이긴 것처럼 미래의 고난도 넉넉히 이기시길 바랍니다. 크고 작은 고난의 언덕이 우리 앞길을 가로막는 날이 올 것을 믿습니다. 그리고 이 고난의 언덕을 넘은 날 환히 웃을 때 각자의 역경지수도 높아지고 행복지수도 높아질 것이라 믿습니다.

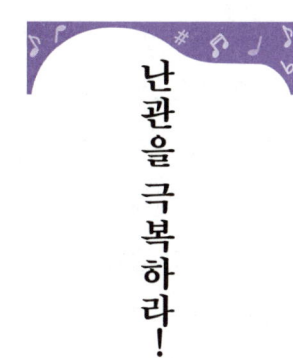

난관을 극복하라!

2016년 6월 26일 코파아메리카(남미 축구 선수권)의 결승전에서 세계 최강 아르헨티나가 칠레에 패배했습니다. 결승전은 승부차기까지 갔는데 승부차기 1번이었던 메시가 실축했고 결국 아르헨티나는 2대 4로 패배했습니다. 세계가 놀랐고 아르헨티나 국민과 대표팀은 큰 충격에 빠졌습니다. 아울러 최고의 스트라이커로 주목을 받았던 메시는 엄청난 비난을 받았고 큰 책임감을 느꼈습니다. 그 충격으로 메시는 국가대표팀 은퇴를 선언했습니다.

이후 아르헨티나 대통령과 온 국민이 메시를 설득하려 했습니다. 그중에 어느 초등학교 여교사가 보낸 공개편지가 화제였습니다. 그 교사는 "축구 팬이 아닌 한 사람의 교사로" 편지를 보낸다면서 "아이들에게 승리만이 우선이고 유일한 가치라는 선례를 남겨서는 안 됩니다. 우리는 어려서부터 희귀병을 앓은 당신이 어떻게 극복하며 성장했는지를 봐 왔습니다. 지금 당신이 은퇴하면 이 나라 아이들은 당신에게서 배웠던 노력의 가치를 이제는 배우지 못할 것입니다. 저는 학생들에게 당신을 얘기할 때 얼마나 멋지게 축구를 하는지 얘기하지 않습니다. 단 한 골을 넣기 위해 당신이 같은 장면을 수천 번이나 연습한다는 사실을 알려 줍니다"라는 공개서한으로 국가대표 은퇴를 만류한 것입니다.

메시 삶에는 그의 탁월한 축구 실력보다 더 감동적인 인생 스토리가 있습니다. 메시는 희귀병을 극복했습니다. 11살 때 성장호르몬 장애 판정을 받습니다. 담당 의사 소견은 '메시는 성인이 돼도 150cm를 넘기 힘들 것이니 축구를 그만두는 것이 좋겠다'였습니다. 당시 메시 집안은 너무 가난해, 한 달에 약 1,000달러가 드는 호르몬 치료를 받는 것은 불가능했습니다.

이런 상황에 메시는 축구를 포기할 수밖에 없었습니다. 메시가 축구를 포기하려 할 때 그의 가능성을 인정한 스페인 명문 축구클럽 FC바르셀로나의 제안이 있었습니다. 만약 메시가 스페인으로 건너온다면 치료비용을 지불하겠다는 제안이었습니다. 메시는 2000년 가족과 함께 스페인으로 건너와 바르셀로나에서 치료를 받습니다. 13살에 140cm가 채 되지 않았지만, 치료와 노력으로 169cm까지 자랐습니다.

메시의 은퇴 소식에 그의 영원한 라이벌인 포르투갈의 크리스티아누 호날두도 "메시가 다시 대표 팀으로 돌아왔으면 좋겠다"고 말했습니다. 호날두가 이렇게 말한 것은 그가 라이벌 메시를 동료로 존경한다는 의미였습니다. 사실 알고 보면 크리스티아누스 호날두 역시 어린 시절 어려움을 극복한 축구 스타입니다. 이런 점에서 두 스타는 닮은꼴입니다.

호날두의 아버지는 알코올 중독자였고 형은 마약에 빠져 있었고, 어머니가 청소부로 어렵게 번 돈은 아버지 치료비로 다 쓰다 보니 몹시 가난했습니다. 그에게 축구는 유일한 놀이요 희망이었습니다. 축구공이 없어 양말, 빈 깡통 등을 차면서 축구 기술을 익혔는데 그의 화려한 기술은 깡통을 자유자재로 다루다가 완성되었답니다.

그러나 호날두도 축구를 포기해야 할 상황이 있었습니다. 15세 때 프로축구팀 입단을 위한 메디컬 테스트 과정에서 심장 박동이 지나치게 빠르다는 것이 발견되어 구단에서 조심스럽게 축구를 그만둘 것을 제안했다고 합니다. 그러나 호날두는 그 제안을 거부하고, 수술대에 오릅니다. 이후 혹독한 훈련을 이겨냈고 그는 세계적인 선수가 되었습니다.

진정한 행복은 난관을 극복하는 과정 중에 더욱 강화됩니다. 난관 극복이 행복입니다. 필자가 애송하는 시입니다.
"인생은 평화와 행복만으로는 지속될 수 없다. 고난이 필요하다. 노력이 필요하다. 고난을 두려워하거나 슬퍼하지 말라. 참고 견디며 이기어 가는 것이 인생이다. 인생의 희망은 언제나 고난의 언덕 너머에서 기다리고 있다."
맨스필드의 '인생'이라는 시입니다. 인생의 희망(행복)은 고난의 언덕 너머에서 기다리고 있습니다. 그렇습니다. 인생의 행복과 희망은 고난을 넘어서 기다립니다. 그러므로 행복을 위해 고난의 언덕을 넘어야 합니다.

실패의 가치를 알자!

모든 사람이 성공과 만족을 기대하지만, 실패의 날이 성공보다 더 많습니다. 사노라면 실패하는 날, 넘어지는 날을 피하기 어렵습니다. 사실 성공은 실패 속에 있으며, 실패를 통해서 성공이 옵니다. 어쩌면 성공의 객차는 실패의 기관차에 이끌려 나타납니다. 그런데도 모든 사람은 실패를 싫어합니다. 실패가 주는 아픔이 있기 때문입니다. 실패를 경험할 수밖에 없는 인생에서 실패의 의미를 찾고 실패를 즐기는 것이 중요합니다.

제가 쓴 『당신의 행복을 여는 99가지 열쇠』라는 책에 소개한 얘기입니다. Waterman이라는 만년필 회사가 있습니다. 설립자인 Waterman의 이름을 딴 회사입니다. Waterman이라는 사람은 원래 보험회사 직원이었습니다. 아주 열심히 살았지만, 가난을 이기기는 쉽지 않았습니다.

어느 날 그가 한 고객을 만나 열심히 설명하며 정성을 다한 결과 보험을 계약하게 되었습니다. 제법 덩치가 큰 계약이어서 기대와 기쁨으로 Waterman은 계약서를 꺼냈습니다. 아이들에게 고기를 사 주고 아내가 좋아할 선물을 사 주는 상상을 하면서 계약서를 작성하는데 펜의 잉크가 흘러내려 계약서를 망쳤습니다. 몇 번씩 사과하고 용서를 빌었지만, 고객은 화를 내며 보험계약을 거부했습니다. 행복의 정점에서 절망의 나락으로 떨어지는 아픔을 겪은 Waterman은 그 아픔을 통해 잉크가 흘러내리지 않는 펜을 개발하려 했습니다. 그래서 만든 것이 Waterman 만년필입니다.

그의 실패는 아팠지만, 그 아픔을 딛고 일어선 성공은 크고 위대했습니다. Waterman의 성공과 영광은 자기 실패를 인정하고 그것을 극복하기 위해 노력한 결과입니다. 그는 처절한 실패의 자리에 위대한 성공의 씨앗을 심었습니다. 실패는 쓰리고 아프지만, 실패는 성공으로 가는 길목입니다.

조니 뎁, 마이클 잭슨, 폴 매카트니, 빅토리아 베컴 등 세계적인 스타를 찍는 한국인 사진작가가 있습니다. 그는 현재 비틀스 멤버요 세계적 가수인 폴 메카트니경(Sir Paul McCartney)의 전속 사진작가로 십수 년째 일하고 있는 사진작가 김명중(MJ Kim) 씨입니다. 그는 까다로운 폴 매카트니에게 인정을 받을 뿐만 아니라 이 분야 최고의 사진작가입니다.

김명중 씨는 자신의 저서 『오늘도 인생을 찍습니다』에서 자신의 성공 이유가 세 번의 중요한 실패라 고 말합니다. 그는 3번의 큰 실패(대학 입학 실패, 미국 유학 실패, 대학 졸업 실패)로 자기 삶의 방향이 바뀌었고, 그 실패들 때문에 결국은 세계적인 사진작가가 되었다고 말합니다.

김명중 씨는 외국어 고등학교를 졸업하고 대학 진학에 실패했습니다. 그래서 미국 유학을 준비했습니다. 유학 가는 줄 알고 송별회를 100번(과장해서) 정도 했는데 미국 유학길이 막혔습니다. 급하게 방향을 전환해서 영국으로 갔습니다. 영국에서 영화 공부를 했는데 영어가 부족해서 공부가 어려웠습니다. 영화 작업을 위해서 더불어 작업하고 결과를 토론하는 공부 과정이 너무 어려웠습니다. 그는 졸업할 수 없었습니다.

그래서 토론할 필요가 없는 사진을 공부합니다. 유학 자금도 떨어지고, 한국으로 돌아올 수도 없고, 마땅히 할 일이 없어서 사진기자로 취업합니다. 그는 현재 영향력 있는 사진작가로 성장하였습니다. 그는 실패를 통해서 성공을 얻었습니다. 김명중의 성공 원인은 거듭된 실패에 굴하지 않고 새 길을 찾아가는 끈기, 유연한 마음가짐 그리고 도전 정신입니다.

1978년 뉴저지에 사는 가난한 러시아 출신 청년 버니 마르커스는 철물 소매상에서 일하다 해고를 당했습니다. 그래서 동업으로 새로운 사업을 시작했습니다. 그 사업은 일반 사람들이 스스로 집안 공사를 할 수 있도록 도와주는 사업이었습니다. 그들은 1979년 애틀랜타 근교 마리에타에서 홈 디포(Home Depot) 가게를 열고 사업을 시작했습니다. 오늘날 15만 7,000명이 넘는 종업원에 760개가 넘는 점포에 매년 300억 불이 넘는 홈 디포의 시작입니다. 버니 마르커스는 해고당했을 때 비참했습니다. 그러나 만일 해고라는 실패가 없었더라면 오늘날 성공은 없었을 것이다.

한국에서는 매년 '실패 박람회'가 열립니다. 실패 경험이 성장의 발판이 되는 사회 구현이라는 모토로 중소벤처기업부와 행정안전부가 주관하는 행사입니다. 행사 안내판에 '국민의 다양한 실패 사례를 공유하고 공감하는 장을 마련하여 실패에 대한 인식 전환을 유도하고 실패로부터 교훈을 얻는 행사다'라고 행사 의미를 소개합니다.

건강한 사회는 실패를 소중히 여깁니다. 건강한 사회는 실패자를 다독이고 일어나 다시 도전할 수 있는 용기를 줍니다. 성숙한 사람은 실패의 가치를 알고 실패를 부끄러워하지 않습니다. 실패를 활용하고 실패로부터 배웁니다. 실패는 우리 인생을 담금질하는 탁월한 조련사입니다. 코로나는 우리 모두를 실패자로 만들어 가고 있습니다. 그러나 이 실패 너머에서 기다리는 성공과 행복을 기대하며 실패의 순간을 잘 견디시길 바랍니다!

효과적인 용서법 (REACH)

용서해야 행복합니다. 용서는 행복으로 가는 왕도입니다. 용서는 나에게 주는 최선의 선물입니다. 영국의 시인이자 극작가인 한나 무어는 "용서는 마음의 경제학"이라고 말했습니다. 그는 "용서는 분노의 비용을 절감시켜 영혼을 낭비하지 않도록 돕는다(It saves the expense of anger, the cost of hatred, the waste of spirits)"라고 주장합니다. 참으면서 용서하는 것이 분노와 증오의 비용을 없애고 영혼을 낭비하지 않도록 해주기 때문입니다. 쌓이고 쌓인 마음의 고통을 깨끗하게 씻어

낼 수 있는 것이 용서의 힘입니다. 용서가 행복을 줍니다.

스탠퍼드 대학교 교수인 프레드 러스킨(Fred Luskin) 박사는 '용서 배우기(Learning to forgive)'라는 자신의 저서에서 용서는 용서의 효과를 체험하면서 강화된다고 말합니다. 갈등, 상처, 반목 그리고 미움은 과거의 산물입니다. 이 불행스럽고 아픈 과거를 극복하고 새로운 미래를 여는 길이 용서입니다. 용서는 불행스럽고 아픈 과거를 극복하고 새로운 미래를 여는 열쇠입니다. 과거를 접고 새로운 미래로 나아가려면 용서해야 합니다.

얼마 전 하버드 대학교 심리학과에서 흥미로운 연구 결과를 발표하였습니다. '병균에 대한 저항력과 심리적 영향'을 연구했습니다. 실험은 심리학과 학생들에게 두 종류의 다큐멘터리 영화를 보게 한 후에 심리적 영향을 연구한 것입니다. 하나는 카르카타 빈민굴에 사는 술주정뱅이가 테레사 수녀의 일을 몹시 방해하였으나 끝까지 용서하는 영화이고, 다른 것은 아버지를 죽인 잔악한 나치 장교를 복수하는 영화였습니다.

두 영화의 감상 간격은 1주일로 하였고 영화를 본 직후에 학생들의 감기 바이러스와 싸우는 저항력을 검사했습니다. 용서와 사랑의 내용을 본 뒤의 감기 바이러스 저항력은 복수의 이야기를 본 뒤의 감기 바이러스 저항력보다 훨씬 높았습니다. 인간의 생각이 어떤 사랑의 능력에 연결될 때 병균에 대한 육체적인 저항력도 강해지는 것을 보여 주었습니다. 용서를 목격하고 용서를 생각하고 용서를 실천하는 것이 육체적 건강을 이끕니다.

용서의 유익을 몰라서 용서를 못 하기도 하지만 용서가 어려워 용서하지 못하는 경우가 더 많습니다. 많은 사람이 용서의 방법을 모릅니다. 버지니아 커먼웰스 대학교 워딩턴 교수는 용서에 관한 오랜 연구로 용서 분야에서 상당한 이바지를 했습니다. 그런데 자신의 어머니를 잔인하게 살해한 원수를 용서하는 데 상당한 어려움이 있었습니다. 용서해야 하겠다고 스스로 강하게 생각하고 있는데도 용서가 마음대로 안 되는 경험을 합니다.

워딩턴 교수에 의하면 용서에 가장 큰 장애물이 용서 방법을 모르는 것입니다. 그는 "사람들이 용서하는 방법을 잘 모른다고 생각한다. 누군가를 용서하려면 많은 격려가 필요하다. 우리는 용서가 좋은 일이며, 건강에 좋다는 설교나 기사를 접하지만 실천하기 어려워 미리 포기하는 경향이 있다"라고 말합니다.

워딩턴 교수는 누군가를 용서하기 위해 꼭 신앙이 필요한 것도 아니고 종교적 신념만으로 완전한 용서의 실천은 어렵다는 연구 결과를 발표했습니다. 워딩턴 교수는 용서의 열쇠로 '공감과 겸손, 동정의 감각을 기르는 것'을 꼽았습니다. 워딩턴 교수는 연구와 임상경험을 바탕으로 'REACH 용서법'을 개발했습니다. 그의 제목에 제가 해석을 더 했습니다. 효과적인 용서의 방법을 소개합니다.

첫째 회상(Recall)입니다. 용서는 과거의 아픔을 회상하는 것으로 시작됩니다. 그러나 용서를 위한 회상은 단순한 회상이 아니라 상처받은 사건과 정황을 객관화시킨 회상입니다. 대부분은 자기중심적인 기억을 하고 있습니다. 그래서 더 섭섭하고, 더 분노합니다. 자기중심적인 기억 때문에 더 큰 상처가 남습니다. 용서를 위해서는 최대한 객관적으로 아픔을 기억해야 합니다.

둘째, 공감(Empathize)입니다. 상처를 준 이웃의 상황을 이해하려는 관점을 갖는 것입니다. 상대의 상황과 입장에 공감해 주는 것입니다. 상대의 관점에서 사건을 바라보면 사건과 상황이 쉽게 이해됩니다. 상대의 관점에서 사건과 상황을 이해하면 분노가 사라지고 상대에 대한 측은지심이 생깁니다.

셋째, 이타(Altruism)입니다. 자신에게 행복이라는 큰 선물을 주기 위해 이웃에게 용서를 선물해야 합니다. 용서가 나 자신에게 큰 선물이지만 용서받는 상대에게도 의미 있는 선물입니다. 누군가에게 상처를 주고 용서받았던 때를 떠올리며 상처를 준 당사자에게 용서를 선물하는 것입니다. 용서의 전 과정이 행복한 일이지만 굉장한 쾌감이 있습니다.

넷째, 실천(Committing)입니다. 작정한 용서를 실천하기 위해 용서를 선포하는 것입니다. 성공적인 용서는 결단 후에 공개적으로 선포하는 것이 필요합니다. 용서의 작심을 공개적으로 선포할 때 용서의 클라이맥스에 도달합니다. 용서의 결단은 공개적으로 선포할 때 힘이 있습니다. 용서의 결단을 공개하지 않으면 스스로 포기하고 철회할 가능성이 큽니다. 마음속으로 결단한 용서를 공개적으로 선포하는 것이 용서의 1차 완성입니다. 용서를 선포하세요!!

<u>다섯째 유지(Holding on)입니다.</u> 용서의 마음을 유지하기 위해 용서의 유익을 기억하고 용서를 지켜내는 것입니다. 상처의 해소가 쉽지 않음을 인정해야 합니다. 나아가 관계의 회복이나 정상화는 더 어렵습니다. 용서는 과거의 상처와 상처로 인한 원한과 분노 극복을 도모하는 것입니다. 용서하려고 마음먹었던 것을 기억하며 용서의 기조를 유지하는 것이 중요합니다.

이런 REACH 용서법은 지나간 일에 억울함과 분노를 털어 버리는 것입니다. 지난 일의 부당함, 상처와 손실에 집착을 버리는 것입니다. 나아가 상대를 비난하지 않고 순수하게 자기 상처의 치유를 지향하는 과정입니다. 용서가 어려운 사건과 사람을 두고 지금 당장 "REACH"를 적용해 보세요! "REACH"로 용서에 도달(REACH)하게 될 것입니다!

궁휼로 흘리는 눈물이 치료제입니다

세계 2차 대전 때 독일의 폭격기들이 영국 런던을 공격했습니다. 런던 시내는 아수라장이었습니다. 공습경보가 요란하게 들리고, 폭탄들이 터지는 소리들이 하늘을 가르고, 터지는 폭탄들에 의한 섬광이 번쩍였습니다. 많은 사람들이 희생당했습니다. 폭격 후에 살아남은 런던시민들은 후유증에 시달렸습니다. 소위 전쟁 트라우마가 있었던 것이지요.

그런데 정신병원은 상황이 달랐습니다. 정신병원에 있던

많은 정신병 환자들이 공습이 끝난 후에 정신병을 고칩니다. 정상으로 돌아왔다는 것입니다. 그래서 2차 대전 이후에 영국 런던의 정신병원이 텅 비었다고 전해집니다. 그 이유를 살펴보니 공습이 있고 폭탄이 터질 때 환자들은 비록 정신병원에 있었지만, 그들의 가족들을 걱정하며 기도했답니다. 이런 시간을 통해서 정신병이 치유된 것입니다. 자기만 아는 사람일수록 자기 집착에 빠지고 정신 착란에 빠지기 쉽다고 합니다. 나만을 위하여 사는 사람은 자기 의도와는 달리 자기 파괴를 경험하게 됩니다.

웃음도 유익합니다. 웃으면 복이 온다고 합니다. 웃으면 마음에 기쁨이 옵니다. 행복을 원하는 사람은 가능한 한 웃으며 살아야 합니다. 하지만 더 큰 행복을 위해 눈물이 필요합니다. 눈물은 웃음보다 훨씬 더 큰 힘이 있습니다. 특히 이웃의 아픔을 보고 공감하며 흘리는 눈물은 굉장한 힘이 있습니다. 이웃을 위해 흘리는 눈물에는 치유 능력이 있습니다. 이런 현상을 '다이애나 현상'이라고 한답니다. 왜냐하면, 다이애나 왕세자비의 죽음을 보고 눈물을 흘린 사람마다 우울증과 정신병에서 치유를 받았기 때문입니다.

필자는 얼마 전 수리남이라는 나라를 방문했습니다. 잘 알려진 대로 극빈국입니다. 고아들을 만나기 위해 방문한 것입니다. 그곳에서 열악한 삶을 살고 있는 고아들을 보며 많이 울었습니다. 그들의 삶의 현장을 보며 너무 맘이 아팠습니다. 그들과 함께 울었던 시간이 지나고 제 마음에 우울함이 사라졌습니다. 상쾌한 마음이었습니다. 저도 치유 받은 것입니다.

이웃의 아픔을 보고 같이 아파하고 같이 눈물을 흘리는 것은 굉장한 힘이 있습니다. 이웃을 위해 우는 눈물은 우리 마음의 찌꺼기를 씻어 주고, 흐르는 눈물이 마음이 주름살을 펴 줍니다. 필자는 독자들이 사랑과 긍휼의 마음으로 울기를 권합니다. 마음이 무겁고 우울해지면 불쌍한 이웃을 보십시오. 불쌍한 이웃을 걱정해 보십시오. 불쌍한 사람들을 보며 긍휼히 여기며 그 아픔을 같이 아파하십시오. 자신의 문제가 해결되고 마음의 병들이 치유 받게 될 것입니다.

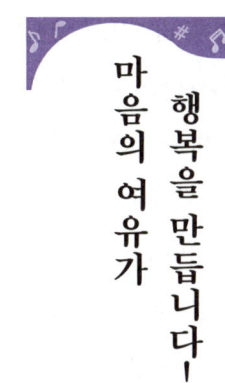

마음의 여유가 행복을 만듭니다!

지금부터 500여 년 전 유럽 사회를 발칵 뒤집어 놓은 책 『유토피아』를 쓴 토머스 모어는 당대의 최고 석학이었습니다. 『유토피아』는 이상적인 국가상을 묘사한 것으로 세계의 고전이 되었습니다. 또 "루터를 배격하는 헨리의 변명"은 그가 가르쳤던 헨리 8세에 대한 강력한 옹호가 담긴 서적입니다. 그래서 한때 그는 헨리 8세의 칭찬과 지지를 받았습니다.

그러나 토머스 모어가 헨리 8세의 행위를 거듭 지적합니다. 왕이 카타리나(Catharina) 왕비와 이혼 허가를 요청하는 서류를 교황청에 제출하며 토머스 모어가 서명하기를 원했지만, 그는 서명을 거부했습니다. 또한, 그는 헨리 8세가 카타리나의 시녀였던 앤 불린(Anne Boleyn) 사이에서 낳은 자식에게 후계 지위를 양도한다는 왕위 계승 문서에 서명을 거부하였습니다. 토머스 모어는 영국의 왕 헨리 8세에게 정면으로 맞섰습니다.

그는 1534년에 체포되어 런던탑에 갇혔고, 15개월의 옥중 생활 중에도 영국 교회에 대한 왕의 수장령에 서명을 거부했습니다. 그는 참수형을 받게 되었습니다. 그는 마지막 순간까지 의연함과 여유를 보였습니다.

토머스 모어가 죽음 앞에 보인 의연함과 여유는 영국은 물론 유럽 전체에 큰 화제가 되었습니다. 그는 자신을 위해 우는 자식들을 위로하고, 처형 명령을 내린 헨리 8세를 위한 기도를 잊지 않습니다. 그는 사형 집행관에게 '수염은 죄가 없으니 자르지 마시오!'라는 농담을 남겨 영국과 유럽을 놀라게 했습니다. 그의 소름 끼치는 여유는 역사에 길이 남을 것입니다.

로라 윌킨슨은 시드니 올림픽 다이빙에서 금메달을 땄습니다. 대부분 카메라는 중국 선수들이 메달을 '싹쓸이'할 것으로 보고 중국 선수들에 초점을 맞췄기 때문에 금메달리스트의 화려한 연출은 카메라에 잡히지 않았습니다. 사실 윌킨슨은 예선 5위, 준결승 5위에 머물러 메달 가능성이 희박했고 중국 선수들이 준결승까지 모두 1, 2위를 마크해 결승 직전 윌킨스는 그들과 43점이라는 큰 점수가 벌어져 있었습니다. 이 정도 점수 차는 통상 뒤집힐 수가 없습니다.

윌킨슨은 올림픽 있는 해 3월에 연습 중 오른쪽 발이 세 군데나 부러지는 부상을 입습니다. 그러나 연습에 지장을 받을까 봐 수술을 올림픽 후로 미뤘습니다. 통증이 너무 심해 걸을 수 없을 정도였답니다. 이미 벌어진 점수 차 그리고 지독한 고통이 있었지만, 윌킨슨은 하나님을 의지하며 여유를 잃지 않았습니다. 그녀의 여유로운 도전은 놀라운 결과를 낳았습니다.

여러 가지 상황이 어려웠지만, 결승에서 윌킨슨은 여유를 갖습니다. 결과를 하나님께 맡기고 그 순간을 즐깁니다. 그녀는 도약 직전 미소를 머금은 채, 마치 선거 유세를 하듯 관중석을 돌아보고 인사했습니다. 초인적인 여유였습니다. 그 여유로 그녀는 기량을 발휘하여 금메달을 땁니다.

마음의 여유가 진정한 실력이고 창의적 사고와 행동의 자유를 보장합니다. 삶이 어렵고 힘들수록 마음의 여유가 필요합니다. 갈등이 있어도 여유가 필요합니다. 삶이 각박하고 어려울수록 여유가 필요합니다. 마음의 여유가 행복이 숨쉬는 행복 생태계를 만듭니다. 행복은 여유를 먹고 자랍니다.

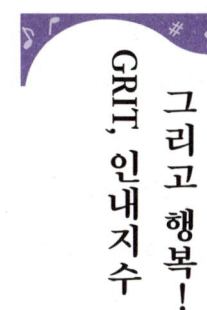

그리고 행복! GRIT, 인내지수

펜실베이니아대학 심리학과 앤젤라 더크워스(Angela Duckworth)교수가 2013년 TED 강연을 통해 소개한 Grit 이라는 말이 있습니다. 그릿(GRIT)은 성장(Growth), 회복력(Resilience), 내재적 동기(Intrinsic Motivation), 끈기(Tenacity)의 앞글자를 따서 만든 단어(Acronym)입니다. 더크워스 교수가 쓴 'GRIT'이라는 책은 세계적으로 베스트셀러가 되었습니다. GRIT이라는 말은 최근 심리학과 행복학 등에서 일반적으로 상용되고 있습니다.

1940년 하버드대 연구팀은 대학 2학년생 130명을 대상으로 특별한 실험을 진행했습니다. 먼저 실험의 대상이 된 130명 학생의 지능, 성격, 경제적 수준 등을 체크했습니다. 그리고 마지막 과정으로 러닝머신(Running Machine)에서 뛰라고 요청했습니다. 최대 속도로 러닝머신에서 5분을 뛰는 간단한 실험이었고 실험을 마친 학생들은 곧 일상으로 돌아갔습니다.

  그런데 연구팀의 진짜 실험은 그때부터 시작되었습니다. 연구팀은 이 130명의 학생을 대학 졸업 후 2년마다 연락해 상황을 점검했습니다. 연구팀은 무려 40년이나 추적 연구를 했습니다. 그리고 이 학생들이 60대가 된 시점에 놀라운 사실을 발견합니다. 이들이 수십 년간 겪은 직업적 성취도와 사회적 만족도는 지능이나 성격, 경제적 수준과 비례하지 않았습니다. 딱 한 가지, '그릿(Grit)' 점수에만 비례했습니다. '그릿 점수'는 러닝머신에서 뛰기 실험을 할 때 '체력의 한계에 다다랐을 때 포기하지 않고 끝까지 더 뛰었던 끈기'를 바탕으로 매겨진 점수였습니다.

아틀란타의 그레이스 감리교회와 텍사스 휴스턴 제일 감리교회를 목회했던 찰스 알렌 목사는 작가요 상담가입니다. 그의 역작 『하나님의 정신치료(God's Psychiatry)』라는 책에 나오는 이야기입니다. 어느 날 성공한 사업가가 목사님을 찾아왔습니다. 사업을 잘해 부와 명예를 갖춘 사람입니다. 그런데 그는 행복하지 않았습니다. 다 가지고 있었지만 행복하지 않은 그는 염려와 걱정이 마음에 가득했습니다. 그가 정신과 의사를 만나서 치료를 받던 중 찰스 알렌 목사님을 만나서 상담을 받으라는 의사의 권면을 받고 목사님을 찾아온 것입니다.

알렌(Allen) 목사님은 이 사람에게 특별한 처방전을 써줍니다. 그 처방이란 바로 앞으로 1주일 동안 하루에 다섯 번 시편 23편을 생각하면서, 그 의미를 되새기면서, 깊이 있게 읽으라고 처방한 것이었습니다. 아침에 일어나서 한번, 아침 식사 후에, 점심 식사 후에, 저녁 식사 후에 그리고 잠자리에서 꼭 시편 23편을 정성스럽게 읽으라고 부탁했습니다.

오늘은 시간이 많으니까 한꺼번에 몰아서 다섯 번 읽는다든지, 혹은 2, 3일 해보고 이제는 잘 아니까 적당히 외워서 넘어간다든지 하면 효과가 없을 것이라고 경고했습니다. 의사의 지시에 따라 시간 맞추어서 약을 먹듯이 꼭 이 처방대로 하라고 부탁했습니다. 목사님께서는 이런 처방을 하신 이유는 분명했습니다. 주님을 목자 삼고 주님을 따라가는 삶에 참 평안이 있기 때문입니다. 주님을 목자로 따르는 삶에는 양으로 사는 인내가 필요합니다.

인내가 행복이나 마음의 평안에만 영향을 미치는 것이 아닙니다. 인내하면 부자가 된다는 보고가 있습니다. 얼마 전 76개국을 대상으로 한 국제투명성기구(Transparency International) 연구에 따르면, 각국 인내 지수가 높을수록 부(富)의 정도가 높은 경향을 보였습니다. 연구에 따르면 성공한 사람들은 오늘을 충실히 살고 미래 계획을 세웠습니다. 또 그들은 인내함으로 과소비로 인한 빚을 지지 않고 꾸준히 저축했습니다. 일확천금을 노리기보다는 몇 년, 몇십 년에 걸쳐 인내심 있게 부를 쌓았습니다.

찰스 알렌 목사님의 이야기를 한 번 더 들으면 좋겠습니다. 찰스 알렌 목사님은 "지능지수인 IQ가 높은 사람이 승리하지 않고 인내지수 즉 P. Q. (Patience Quotient)가 높은 사람이 승리한다"라고 말했습니다. 인내지수가 높은 사람이 종국적으로 승리한다는 말입니다. 하버드 대학교 실험과 일맥상통합니다. 실력이나 재주가 인생을 승리로 이끄는 것이 아니라 인내의 힘이 인생을 승리로 이끈다고 합니다.

초기 기독교 신앙인들이 로마제국을 정복합니다. 기독교가 혹독한 로마의 박해를 이기고 로마의 황실을 지배합니다. 나아가 기독교는 세계로 퍼져 나가는 세계적 종교가 됩니다. 이런 승리의 비결이 초대교회의 높은 인내지수입니다. 지금도 인내 지수가 높은 기업, 인내지수가 높은 교회, 인내 지수가 높은 인생이 성공의 길, 행복의 길을 가고 있습니다.

누리는 행복!
끈기와 근성(Grit)으로

중국의 목민심서라 불리는 『욱리자』에 나오는 이야기입니다. 정나라 변방에 어떤 사람이 있었습니다. 그는 3년 동안 우산 만드는 법을 익혔지만 큰 가뭄이 들어 우산을 사는 사람이 없자 바로 우산 만드는 일을 포기하고 물 퍼는 양수기 만드는 법을 배웁니다. 그리하여 3년 동안 어렵게 양수기 제조기술을 익혔지만 큰 장마가 와서 다시 우산을 만듭니다. 그런데 그 무렵 사방에 도적떼가 일어나 군복과 무기가 모자라게 되자 그는 무기가 만들고 싶어졌습니다. 그는 끝내 망했습니다. 그는 인내하지 못해서 망했습니다. 마음의 심지가 수시로 흔들리면 아무것도 이루지 못합니다.

아인슈타인은 학업 지진아였습니다. 베토벤은 음악 교사로부터 '음악에 전혀 소질 없는 아이'로 평가받았습니다. 발명왕 에디슨의 담임은 그를 '교사 생활 12년에 이처럼 멍청한 아이는 처음'이라 말했답니다. 영국인들이 가장 존경하는 윈스턴 처칠은 6학년을 두 번 다닌 열등생이었습니다.

그러나 이 사람들은 최악의 환경을 극복하고 자신의 분야에서 혁혁한 업적을 남겼습니다. 이들에게는 중요한 공통점이 있습니다. 그것은 '열정'과 '끈기'입니다. 그들은 주위의 잔인한 혹평을 오히려 자극제 삼아 매진한 것이 성공의 비결이었습니다. 끈기로 난관을 극복한 사람이 성공합니다.

끈기와 인내를 말할 때 등장하는 그릿(GRIT)은 성장(Growth), 회복력(Resilience), 내재적 동기(Intrinsic Motivation), 끈기(Tenacity)의 앞글자를 따서 만든 단어(Acronym)으로 미국의 심리학자인 앤젤라 더크워스가 개념

화한 용어라는 것을 잘 아실 것입니다. 더크워스 박사가 사용하는 그릿(GRIT)은 포기하지 않고 견디는 힘입니다. 거듭되는 역경과 실패 앞에서 좌절하지 않고 견딜 수 있는 마음의 힘을 갖는 것은 매우 중요합니다. 한순간에 이루는 과업은 재주와 재능만으로 성취할 수 있습니다. 그러나 인생에서 이루는 의미 있는 성취는 끈기가 필요합니다.

그런데 앤젤라 더크워스 교수의 책 '그릿(GRIT)'은 그 자체가 '그릿' 즉 끈기로 완성된 책입니다. 저자는 끈기(GRIT)의 효과를 증명하기 위해 어마어마한 사례 수집과 연구와 조사를 했습니다. 끈기로 이 책을 완성한 것입니다.

앤젤라 더크워스 교수는 미 육군사관학교 생도들을 예로 들어 끈기의 중요성을 설명합니다. 미 육사(West point)는 해마다 1만 4000여 명이 지원하고, 그중 1200명 정도가 입학허가서를 받습니다. 하지만 입학생 다섯 명 중 한 명은 사관학교를 중퇴한다고 합니다. 사관학교를 졸업하는 것은 재능보다 더 중요한 것이 '그릿(GRIT)'이라는 것입니다.

그릿(Grit)이 주는 메시지는 단순합니다. 어떤 영역에서든지 뛰어난 성취를 이루는 가장 큰 요인은 지능도, 성격도, 경제적 수준도, 외모도 아닌 '그릿'이랍니다. '불굴의 의지' '투지' '집념' '끈기'의 의미를 갖는 그릿은 '실패에 좌절하지 않고 목표를 향해 꾸준히 정진할 수 있는 능력'입니다. 이 능력이 필요합니다. 그렇다면 삶의 승패를 좌우하는 GRIT을 어떻게 기를까요? 엔젤라는 관심, 연습, 목적, 희망을 통해서 Grit을 키운다고 말합니다.

첫째. 관심입니다. 자신의 삶과 하는 일에 관심이 필요합니다. 자신의 목표에 푹 빠져야 합니다. 목표에 관심을 가지면 열정이 생깁니다. 지금 하는 일에서 열정이 없다면 진정한 관심사를 발견해야 한다. 바른 삶의 목표를 가지고 정당한 관심을 갖고 열정을 쏟아부으면 GRIT이 성장합니다.

둘째, 연습입니다. GRIT은 마음과 정신의 근육입니다. 그래서 이 정신의 근육 강화를 위한 의식적인 노력이 필요합니다. 작은 과업에 집중하여 GRIT으로 성공한 경험을 축적해야 합니다. 다음엔 중장기의 과업을 설정하고 그 과업에 완수하기 위해 집중하고 불굴의 투지로 극복해야 합니다. 그리고 장기적인 과업을 성취해야 합니다. 작은 과업들을 성취함으로 GRIT을 강화하고, 다시 중형 과업을 성취하는 것이 GRIT의 강화를 도모하여 더 큰 과업들을 성취해 가는 과정이 그릿을 강화해 가는 연습의 과정입니다.

셋째, 목적입니다. 목적이 없는 그릿(GRIT)은 존재하지 않습니다. 살아 있는 인생은 목적이 필요합니다. 분명한 목적이 그릿(GRIT)을 강화시킵니다. 그릿을 강화하기 위해서는 성취해야 할 이유가 분명한 목적이 필요합니다. 좋은 목적은 열정을 불타오르게 합니다. 좋은 목적은 끝까지 견디게 합니다. 그릿(GRIT)을 강화하기 위해서 건강한 목적이 필요합니다. 그릿 강화를 위해 좋은 목적은 이타적인 목적입니다. 자신을 위한 이기적인 목표는 한계가 있습니다. 그릿은 건강한 목적, 이타적 목적을 통해 강화됩니다.

넷째, 희망입니다. 그릿(GRIT)의 강화는 희망과 밀접한 관계가 있습니다. 그릿(GRIT)은 희망을 먹고 자랍니다. 또 그릿은 희망을 낳습니다. 그릿(GRIT)은 희망을 유지하게 합니다. 사람의 삶에 희망의 중요성은 아무리 강조해도 지나치지 않을 것입니다. 제롬 그루프먼은 '희망의 힘'이라는 자신의 책에서 병마와 싸운 환자들과 자신의 경험을 소개하며 희망의 힘을 강조합니다. 희망은 우리를 견디게 합니다. 희망이 끈기와 성공을 이끕니다.

최근 행복학에서는 그릿(GRIT)을 말합니다. 끈기가 있는 사람이 진정한 행복자요 이웃의 행복을 지켜주는 사람이 됩니다. 행복을 위하여 참고 견디는 그릿(GRIT) 즉 끈기를 키우시길 바랍니다.

과정을 즐겨라!

저의 애송시 중에 '그 꽃'이라는 시가 있습니다. 원래 유명한 고은 시인의 시인데 유명한 목사님의 은퇴예배에서 낭송하여 다시 주목을 받았습니다. '내려갈 때 보았네/ 올라갈 때 못 본/ 그 꽃.' 석 줄, 열다섯 글자로 구성된 아주 간단한 시입니다. 그런데 깊은 통찰력과 강한 메시지가 담겨 있습니다.

올라가는 길, 꿈과 야망의 길에서는 보지 못하는 것이 많습니다. 올라야 할 정상에 대한 목표의식 때문에 눈을 돌릴 틈이 없는 것이 현대인의 비극입니다. 올라갈 길이 너무 바빠서 '꽃'을 볼 여유가 없습니다. 삶의 의미라는 꽃, 가정이라는 꽃, 자녀의 성장 과정이라는 꽃을 보지 못합니다. 정상을 향하여 오르는 재미 때문에 주변을 보지 못합니다. 정상을 차지할 욕심과 조급함 때문에 인생의 과정을 즐기지 못합니다. 그래서 진짜 보아야 할 인생의 꽃을 보지 못합니다.

안철수 씨가 교수 시절 추천해서 한때 젊은이들이 앞다투어 읽었던 『승려와 수수께끼』라는 책이 있습니다. 저자는 하버드 로스쿨 출신의 천재 변호사이자 벤처 투자 전문가입니다. 저자는 경험을 토대로 실리콘밸리 벤처기업의 창업과 투자 노하우를 나누며 인생의 통찰력을 보여줍니다.

이 책에서 잘나가는 벤처 기업가 랜디코미사가 미얀마에서 경험한 특별한 추억을 소개합니다. 한 스님이 오토바이를 태워 달라는 부탁을 하더랍니다. 스님의 부탁을 거절할 수가 없어서 오토바이를 태워 주는 데 제법 오랜 시간이 걸렸답니다. 목적지에 스님을 모셔드리고 잠시 쉬고 있는데 5분 만에

용건을 마치고 나와서 다시 데려 달라고 하는데 기가 막혔지만 거절하지 못하고 다시 태우고 돌아왔답니다.

그런데 돌아오는 길에 놀라운 경험을 하였답니다. 같은 길인데 완전히 다른 길처럼 느꼈답니다. 시간에 맞춰 모셔다드리느라 주변을 돌아보지 못했는데 돌아가는 길에는 여유롭게 주변을 돌아보았답니다. 주변의 아름다운 풍경과 지저귀는 새들의 노래 그리고 계절을 입은 산하의 아름다움을 보았던 것입니다. 과정을 즐기는 지혜를 가르쳐주는 글입니다.

분주한 삶을 사는 현대인들은 과정을 즐기지 못합니다. 과정을 즐기지 못하는 현대인들의 비극은 많습니다. 과정을 즐기지 못하고 삶의 목표에 집착하여 쫓기는 삶을 살아갑니다. 삶의 목표를 향하여 달리다 보니 인생길의 풍경을 보지 못합니다. 인생길 풍경에 가족들이 있고, 성장하는 자녀들이 있고, 가족들이 함께 가꾸어 가는 가정이 있습니다. 인생길 풍경을 놓친 사람들은 인생의 황혼 지점에서 스스로 실패자로 규정하고 후회합니다.

과정 지향적인 삶을 통해서 얻는 유익이 많습니다. 과정을 중시하는 삶을 살아야 할 이유를 정리합니다. 첫째로 과정을 중시하면 부정을 방지합니다. 부정은 수단과 방법을 고려하지 않고 결과를 만들어내려고 할 때 발생하는 부작용입니다. 과정을 소중히 여기지 않으면 부정을 쉽게 저지릅니다.

결과만 좋으면 된다는 생각이 결국 인생을 망칩니다. 과정을 즐기고 과정을 소중히 여기는 것이 정직한 삶을 지지해줍니다. 자녀의 진학을 위해서 수단과 방법을 가리지 않는 사람들이 흔히 있습니다. 부정한 방법으로 진학한 자녀들의 삶이 과연 행복할까요?

둘째로 과정을 중시하면 인생이 소중합니다. 너무 결과 지향적이면 인생 자체를 소홀히 여기는 실수를 범합니다. 왜냐하면, 인생은 작은 과정들의 모임이기 때문입니다. 하루가 모여 한 달이 되고, 한 달이 모여 일 년이 되고, 일 년이 모여 십 년이 됩니다. 작은 과정을 소중히 여겨 하루하루를 알차게 살아갈 때 알찬 인생을 살 수 있습니다.

우리는 결과에 너무 집착해서 과정을 소홀히 여김으로 대사를 그르치는 경우를 봅니다. 과정을 즐기지 못하기 때문에 인생의 큰 손실을 볼 수 있습니다. 나아가 과정을 즐기지 못해서 인생 전체를 잃을 수도 있습니다. 과정을 소중히 여기고 과정을 즐기는 삶을 살아가시길 바랍니다.

셋째 과정을 중시하면 인생이 즐겁습니다. 과정을 즐기면 인생의 사사건건이 아름답고 즐겁습니다. 결과 지향적이면 산 정상에 도달해야 기쁩니다. 그러나 과정을 중시하면 올라가는 계곡, 층층 계단, 기어오르는 비탈길 모두 의미 있습니다. 과정을 중시하는 마라토너는 출발부터 이미 의미 있는 역주를 합니다.

인생의 과정을 중시하면 희로애락 인생의 전과정(全過程)이 의미 있는 중요하고 즐거운 여정이 됩니다. 과정을 중시하면 인생의 모든 과정에서 아름다움을 발견하는 아름다운 인생을 살게 됩니다. 과정을 소중히 여김으로 인생의 매 순간순간을 즐기는 행복한 인생을 살아가시길 바랍니다.

공존의 지혜로 누리는 행복

1937년에 하버드 대학교 2학년 학생들이었던 268명의 일생을 72년에 걸쳐 추적한 연구 결과가 2009년 시사 월간지 『애틀랜틱 먼슬리(Atlantic Monthly)』에 공개된 적이 있습니다. 하버드대학 생리학·약학·인류학·심리학 분야의 최고 두뇌들이 연구진으로 동원되었고 하버드 의대 베일런트 교수가 주도했습니다. 이 연구는 '잘 사는 삶에 일정한 공식이 있을까'라는 기본적인 의문에서 출발했습니다. 연구 대상이 된 268명은 똑똑하고 야심만만하고 환경에 적응을 잘하며 전도유망한 젊은이들이었습니다. 최고 엘리트답게 그들의 출발은 상쾌했습니다. 연방상원의원에 도전한 사람이 4명, 유명한 소설가, 존 F. 케네디(Kennedy) 대통령, 그리고 워싱턴포스트 편집인으로서 닉슨의 워터게이트사건 보도를 총괄했던 벤 브래들리(Bradlee)도 있었습니다.

연구가 시작 후 10년이 지날 때부터 문제가 나타나기 시작했습니다. 20명이 심각한 정신질환을 호소했고 50세가 될 무렵엔 약 3분의 1이 정신질환을 앓았던 경험이 있다고 하였습니다. 기자는 "하버드 엘리트라는 껍데기 아래엔 고통받는 심장이 있었다"고 일갈했습니다. 연구 결과 47세 무렵까지 형성돼 있는 인간관계가 이후 생애를 결정하는 데 가장 중요한 변수임이 밝혀졌습니다.

연구에서는 행복하게 늙어가는 데 필요한 것은 균형 잡힌 삶이었습니다. 젊은 시절부터 균형 잡힌 삶을 7가지 요소로 평가하였습니다. 건강한 삶을 위한 일곱 가지 요소는 '**고통에 적응하는 성숙한 자세, 교육, 안정적 결혼, 금연, 금주, 운동, 적당한 체중**' 등등입니다. 이 7가지 중 5~6개를 50세에 갖춘 106명 중 절반은 80세에 '행복하고 건강하게' 살고 있었고 '불행하고 아픈' 이들은 7.5%에 그쳤습니다. 반면 50세에 7개 중에서 3개 이하를 갖춘 사람들은 80세에 행복하고 건강하게 사는 사람은 아무도 없었습니다. 3개 이하의 요소를 갖춘 사람은 그 이상을 갖춘 사람보다 80세 이전에 사망할 확률이 3배 높았습니다.

어린 시절 수줍음을 타던 사람들은 청년기에는 약간 고전하는 것으로 드러납니다. 그러나 70세에는 외향적인 동료들과 마찬가지로 '행복하고 건강하게' 살았습니다. 대학교 때의 꾸준한 운동은 그 후 삶의 신체적 건강보다는 정신적 건강에 긍정적인 영향을 끼쳤습니다. 성공적인 노후로 이끄는 가장 중요한 열쇠는 지성이나 계급이나 돈이 아니라 사회적 적성, 즉 인간관계였습니다. 형제·자매 관계도 중요했습니다. 65세에 잘살고 있는 사람의 93%가 형제·자매와 원만하게 지낸 사람들이었습니다.

이웃과 원만한 삶을 사는 비결은 너그러움과 양보, 인내 그리고 나눔의 삶을 사는 것입니다. 하버드 대학교에 다니는 전도유망한 사람들이 자신의 야망과 꿈에 젖어 이웃을 돌아보지 아니했던 사람들은 성공도 쟁취하지 못했을 뿐만 아니라 불행한 삶을 삽니다. 다시 말하면 따뜻하고 너그러운 마음을 가지고 이웃을 돌아보고 이웃과 함께하는 삶을 위하여 양보와 인내 그리고 나눔의 삶을 살지 아니하면 성공적인 삶을 살지도 못하고, 건강을 잃은 노년을 보내거나 일찍 죽었다는 보고서의 메시지입니다. 이 보고서를 통해서 공존의 지혜가 인생의 성패는 물론 행복을 좌우한다는 것을 배웁니다.

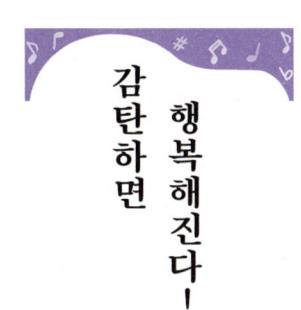

감탄하면 행복해진다!

 긍정 심리학을 근거로 행복학을 연구한 학자들은 명랑한 정서를 갖는 것이 행복의 비결이라고 합니다. 명랑한 정서 즉 긍정의 정서를 갖는 좋은 방법은 감탄하는 것입니다. 감탄의 삶을 사는 것은 주어진 환경과 만나는 사물과 사건들 속에서 감탄하는 것입니다. 감탄하면 행복해지고 행복해지면 더 감탄한다고 하면서 감탄하기 위해서 살라고 권합니다.

 작가 류시화는 『새는 날아가면서 뒤돌아보지 않는다!』에서 프랑스의 소설가며 심미가인 미셸 투르니에의(?) 산문집

『예찬』을 언급 소개하면서 "예찬하라!"라고 예찬을 강조합니다. 미셸 투르니에는 예찬하는 삶의 품격을 소개합니다. 인생 자체에 대하여, 자연의 변화에 대하여 예찬하는 것이 인생을 잘 사는 것임을 강조합니다. 아침에 일어나 새 아침을 예찬하고, 저녁노을을 바라보면서 예찬하라고 합니다. 그가 말하는 예찬이 바로 감탄입니다.

웃음이 좋다는 것은 이미 다 증명된 사실입니다만, 웃음보다 더 좋은 것이 감동과 감격 그리고 감탄입니다. 최근 밝혀진 다이돌핀이라는 호르몬이 있는데, 이 호르몬은 엔돌핀의 4,000배의 효과가 있다고 합니다. 우리 몸에서 다이돌핀이 제일 많이 나오는 것이 감탄할 때라고 합니다. 우리가 감탄사를 발하고, 진심으로 감탄할 때에 행복감을 느낍니다.

이렇게 중요한 감탄을 공부하거나 연습하지 않는 것이 아쉽습니다. 그리고 우리가 행하고 실천하는 일의 목적이 감탄하기 위함이라는 사실을 종종 놓칩니다. 사실, 일상을 벗어나 여행하는 이유는 감탄하기 위함입니다. 여행을 준비하며 여행을 가는 도중에 이 감탄을 누려야 합니다. 여행지에 도착하여 아름다운 자연과 웅장한 광경들을 보면서 감탄하는 것은 행복을 여는 열쇠와 같습니다. 멋진 예술 작품이나 멋진 무대를 보면서 우리는 감탄합니다. 그 감탄을 위해서 영화나 연극, 뮤지컬 그리고 예술 작품을 감상하는 것입니다. 몸과 마음에 중요한 영양제를 먹는 것입니다.

그러나 이런 특별한 광경이나 사건 앞에서만 감탄하는 것은 조금 부족합니다. 감탄의 일상화가 필요합니다. 사소한 일상의 일들 속에서 감탄할 수 있습니다. 시원한 물 한 잔에 감탄할 수 있고, 아름다운 경치 앞에 감탄할 수 있고, 맛있는 커피 한 잔 앞에서 우리는 감동하여 감탄의 탄성을 지를 수 있습니다. 행복한 탄성을 지르며 아침 식사 테이블에 앉으십시오. 식사하는 내내 감탄의 탄성을 발하세요. 아 맛있다. 우와 대박이다. 우와 정말 맛있다! 탄성을 발하는 만큼 가족들의 입맛이 돋고, 탄성을 발하는 만큼 자신이 즐겁고 탄성을 발하는 만큼 온 가족이 행복할 것입니다.

영혼의 화가, 또는 태양의 화가라고 불리는 빈센트 반 고흐가 1874년 1월에 그의 평생지기인 아우 테오에게 보낸 편지를 보면 이런 대목이 있답니다. '될 수 있으면 많이 감탄해라!'. 필자도 고흐의 메시지로 여러분께 부탁합니다. 독자 여러분! 할 수 있으면 많이 감탄하십시오. 오늘 하루도 감탄이 풍성한 하루가 되기를 바랍니다.

공감이 행복이다

한밤중에 권총을 든 강도가 어느 집에 들어갔습니다. 주인을 깨우고 손들어! 하였습니다. 잠결에 주인은 벌벌 떨면서 왼손을 겨우 듭니다. 그러자 강도는 또 고함을 칩니다. 오른손도 들어! 그래도 집주인은 왼손만 조금 더 높이 들 뿐입니다. 그러자 강도는 오른손도 들어! 하며 고함을 지릅니다. 그때 그 집주인은 벌벌 떨면서 '미안하지만, 오른손은 신경통 때문에 들 수가 없습니다'라고 했습니다. 그러자 강도는 '신경통? 젠장. 나도 신경통 때문에 이 짓을 하는데!' 하는 것입니다. 강도 역시 오른손이 신경통으로 마비되어 제대로 일을 못 하였고 그래서 강도질을 하였던 것입니다.

신경통이라는 말에 귀가 번쩍 뜨인 강도는 물건을 빼앗으려고 왔던 자신의 목적을 잊고 신경통 이야기를 합니다. 주인도 신경통 이야기에 강도에 대한 공포나 두려움을 잊고 신경통 치료와 관리, 신경통에 무슨 약을 쓰느냐며 이런저런 이야기를 나누면서 밤새도록 있다가 새벽녘에는 두 사람은 사이좋게(?) 헤어졌습니다. 오 헨리의 단편 강도와 신경통 줄거리입니다. 서로의 아픔을 공감하며 나누는 현장에 사랑과 이해가 있습니다. 공감이 없는 참된 사랑은 불가능합니다.

공감(共感)은 함께 느끼는 것 즉 동정(同情)입니다. 동정 혹은 공감이란 말 'sympathy'는 타인과 함께(syn) 감정(pathy)을 나누는 것입니다. 타인의 감정을 공감하며 함께 고통을 느끼는 것입니다. 또 Compassion이란 말도 있습니다. 함께(Com) 고통(Passion)을 느끼는 것입니다.

문화인류학자 로먼 크르즈나릭이 공감의 개념을 정리했습니다. 그는 공감을 '다른 사람의 처지가 되어 보고, 그들의 감정(정서적 측면)과 관점(인지적 측면)을 이해하고, 그 이해를 활용해 자신의 행동을 인도하는 과정'이라고 말했습니다. 다른 사람의 처지가 되어 보는 것이 공감의 출발입니다. 그리고 이웃을 이해하고 공감과 이해에 합당한 행동이 공감의 결어입니다.

긴꼬리원숭이 과에 속하는 레서스원숭이에 대한 행동 실험을 통해서 원숭이도 공감능력을 가진 것으로 판명되었습니다. 원숭이가 먹이를 집을 때마다 우리 안의 다른 원숭이들에게 전기 충격을 가했습니다. 자기가 먹을 때마다 다른 원숭이가 고통을 겪는다는 것을 알게 된 원숭이는 먹기를 포기하고 굶어 죽는 쪽을 택했답니다. 먹이를 얻어먹을 때마다 다른 원숭이의 고통스러운 비명이 들리자, 실험 대상 원숭이는 12일 동안이나 먹기를 거부하다가 굶어 죽은 것입니다.

기가 막히게도 이런 원숭이만큼도 공감능력이 없는 사람을 종종 만납니다. 이런 사람은 타인의 고통을 즐기거나 타인의 아픔에 냉담합니다. 공감능력이 부족한 사람입니다. 이런 사람이 지도자가 되면 구성원들의 희생, 수고, 아픔을 너무 쉽게 생각할 위험성이 아주 많습니다. 이런 사람 주변에 있으면 불행합니다. 나아가 이런 사람은 스스로도 불행합니다.

공감하는 곳에 참된 사랑이 있고 참된 행복이 있습니다. 행복을 원한다면 공감해야 합니다. 공감하는 사람들이 많을수록 삶의 폭이 넓어지고 공감하면 이웃이 생깁니다. 공감하면 사랑할 수 있습니다. 공감하는 만큼 삶의 폭이 넓어지고 공감하는 만큼 행복합니다.

나눔이 행복이다!

한국 세브란스 병원을 세우는 데 큰 도움을 주었던 세브란스라는 성도가 있습니다. 한국에 세운 최초의 종합병원인 세브란스를 세우기 위해 지금의 가치로 5천억 원이 넘는 큰돈을 선뜻 기부한 큰 손이었습니다. 세브란스 씨가 세상을 떠난 뒤 남겨진 작은 수첩에는 기부약정 목록이 빼곡히 적혀 있었답니다. 게다가 그는 자신이 기부하는 기관의 후원이 자신의 사후(死後)에도 지속되도록 미리 필요한 기금까지 준비해 놓았답니다.

그러나 정작 자신의 명의로는 집 한 채도 남기지 않았답니다. 이처럼 모든 걸 나눴던 세브란스 삶의 모습은 자녀들에게도 큰 깨달음을 주었습니다. 그의 자녀들은 아버지의 경제적 지원 없이 모두 자수성가했고 아버지를 따라 수많은 병원과 도서관, 미술관을 설립하며 나누는 삶을 대대로 실천하고 있습니다. 세브란스는 기부하는 이유에 대해서 "받는 사람들보다 주는 내가 더 행복하기 때문에"라고 답했답니다. 진정한 부자는 돈을 어떻게 사용해야 하는지 아는 사람입니다.

투자 전문가 워런 버핏(Warren Buffett)은 부자들에게 재산의 50%를 생전 혹은 사후에 기부하라고 권합니다. 워런 버핏 자신은 재산 99%를 기부하겠다고 공언했습니다. 워런 버핏은 기부하는 것을 '더할 나위 없는 행복'이라고 합니다. 톰 래스와 짐하터는 『Well Being finder』라는 책에서 "억지로라도 나누면 행복하다"고 말합니다. 그들은 "기부하라! 그러면 행복할 것이다!"라고 합니다.

하버드대학교 경영대학원 교수인 마이클 노튼 박사 연구팀은 아주 특별한 실험을 했습니다. 밴쿠버 거리에서 5달러 봉투와 20달러 봉투를 무작위로 나눠주고, 돈을 쓰는 방법에 따라 행복도가 어떻게 달라지는지 실험을 했습니다. 봉투 안에 돈과 함께 메시지를 각각 하나씩 넣어 두었습니다. 메시지는 두 종류인데 하나는 당일 오후 5시까지 자신을 위하여 그 돈을 사용하라는 것이었습니다. 다른 메시지는 같은 시각까지 봉투에 담긴 돈을 자선단체에 기부하거나 타인을 위해 사용하라는 것이었습니다.

  실험 결과는 금액의 차이는 중요하지 않았고 돈의 사용법에 따라 행복도가 달라지는 것으로 나타났습니다. 적은 금액이라도 자신이 아닌 타인을 위해서 돈을 사용한 사람들이 더 큰 행복을 느꼈습니다. 마이클 노튼 박사팀은 미국인 600명을 대상으로 같은 실험을 하였는데 결과는 동일했습니다. 미국이나 캐나다 같은 부유한 국가에서만, 이런 결과를 얻는 것이 아닙니다. 절대 빈곤국인 아프리카 우간다에서도 동일한 실험을 했는데 나눔에 동참한 사람들이 훨씬 행복한 것으로 나타났습니다. 다양한 장소와 사람을 대상으로 실험했지만, 결과는 동일했습니다.

나눔이 행복입니다. 나누는 삶에 행복이 넘칩니다. 선물이나 섬김을 받는 행복은 수동적 행복이라면 나누고 주면서 누리는 행복은 능동적 행복입니다. 능동적 행복의 강도가 수동적 행복보다 훨씬 더 강합니다. 그래서 바울은 사도행전 20장. 살아가는 삶의 자리에서 나누십시오. 나눔으로 누리는 행복의 주인공이 되시길 바랍니다.

제거하라! 행복 장애물을

3월 20일은 유엔이 정한 세계 행복의 날입니다. 매년 세계 행복의 날에 유엔은 '세계 행복보고서'를 발표합니다. 이 보고서는 매해 국내총생산(GDP), 기대수명, 사회적 지지, 자유, 부정부패, 관용 등을 조사해서 종합적인 행복지수 순위를 발표합니다. 2021년에 한국은 62위입니다. 초라하고 부끄러운 성적표였습니다.

그런데 성적보다 더 심각한 것은 처음 순위가 발표된 2013년 이후 꾸준히 내리막길을 걷고 있다는 사실입니다. 첫해인

2013년에 41위가 최고 순위입니다. 47위(2015년), 58위(2016년), 61위(2020년)로 계속 하락 중입니다. 행복에 대한 관심도가 높아졌는데 행복지수는 낮아졌습니다.

한국의 경제 수준은 세계 10위권 내외입니다. 국토, 지정학적 위치, 인구 등 국가 경제의 힘이 되는 요소들을 고려할 때 엄청난 성적입니다. 그런데 우리 행복 지수는 형편없습니다. 우리들의 행복을 가로막는 것들이 무엇일까요? 한국 사회에 행복을 가로막고 있는 행복 장애물들이 있습니다. 우리들의 행복을 가로막는 몇 가지 장애물들을 살펴봅니다.

우선 한국 사회는 갈등지수가 높습니다. 한국의 갈등지수는 그야말로 위험수위입니다. 한국보건사회연구원이 발간한 '사회통합지수 개발연구 보고서'에 따르면 한국은 경제협력개발기구(OECD)가 발표한 국가 사회통합지수가 턱없이 낮습니다. 한국 사회에 갈등은 그야말로 해묵은 과제입니다. 한국은 지역갈등, 진보와 보수의 이념 갈등, 종교 갈등, 젠더 갈등 등등 아주 다양한 갈등이 있습니다. 갈등이 사회 통합을 가로막고 국력을 낭비하게 합니다. 한국 사회 갈등이 미래 행복을 대대로 가로막습니다.

둘째, 기부지수가 낮습니다. 국제 자선단체인 영국자선지원재단(CAF)은 매년 '세계기부지수(World Giving Index)'를 발표합니다. 이 발표에 따르면 대한민국 기부지수는 조사 대상국 146국 중 60위 내외입니다. 이 통계는 각국의 천명을 인터뷰해 1년간 낯선 사람을 도와준 경험, 기부 경험, 자원봉사 시간 등의 종합적 평가입니다. 낮은 기부지수는 낮은 행복을 말합니다.

셋째, 한국 신뢰지수가 낮습니다. 경제협력개발기구(OECD)가 발표하는 『한눈에 보는 사회상(Society at a Glance)』 보고서를 보면, 한국은 다른 사람과 공적기구에 대한 신뢰 지수가 아주 낮습니다. '타인을 믿을 수 있느냐'는 질문을 바탕으로 산출하는 신뢰도가 26%로, 회원국 평균치(36%)보다 10%나 낮습니다. 행복 선진국들은 타인에 대한 신뢰도가 높습니다. 75%에 이르는 덴마크를 비롯해 노르웨이, 네덜란드, 스웨덴 등 신뢰도 상위권의 나라들은 공통적으로 삶의 질, 즉 행복지수도 높은 행복 선진국들입니다. 사회적 신뢰와 국민 행복은 밀접한 비례관계에 있습니다.

<u>신뢰 지수가 낮은 사회는 갈등이 활화산처럼 터집니다.</u> 갈등이 있는 곳에 불행이 자랍니다. 우선 정부에 대한 국민 신뢰도 순위에서 한국은 바닥권입니다. 갤럽 조사를 통해 준비된 OECD 신뢰도 보고서는 한국 정부 신뢰도가 조사 대상 35개국 중 29위로 최하위권이라고 밝힙니다. 같은 보고서에 따르면 한국 청소년층(15~25살)의 정부 신뢰도는 완전 최하위입니다. 사회와 정부를 믿지 못하니 미래가 불안할 수밖에 없습니다. 실제로 한국 청년 응답자들은 79.7%가 '미래에 대한 심각한 불안감을 가지고 있다'고 대답했습니다.

노르웨이와 덴마크 등 북유럽 행복 선진국들은 거리에서 자물쇠를 채우지 않은 자전거가 흔하다고 합니다. 아기를 태운 유모차를 바깥에 두고 카페에서 마음 편하게 커피를 마시며 대화하는 엄마들도 흔히 만난다고 합니다. 집에서 간식을 챙겨간 어린이집 아이들은 먹을 때는 함께 나눠 먹는다고 합니다. 사회와 이웃에 대한 높은 신뢰도 때문입니다. 행복 선진국은 신뢰 선진국입니다.

긍휼의 눈물이 행복을 초대합니다!
꿈으로 설레는 행복
감탄하면 행복해진다!
나눔의 행복을 누리는 진정한 부자들!
Mr. 괜찮습니다!
불 꺼진 아파트

제4부
이런 행복 어때요?

Good Morning이 없는 미국의 아침
황홀한 행복을 누리는 비결
변화된 새 아침을 기대하며
어머님의 여행 준비
어머님의 유산과 하나님의 공급하심
신앙인의 노블레스 오블리주
백악관을 디딤돌로 만든 대통령

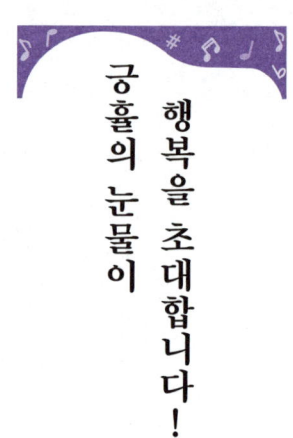

행복을 초대합니다!
긍휼의 눈물이

세계 2차 대전 때 독일의 폭격기들이 영국 런던을 공격했습니다. 런던 시내는 아수라장이었습니다. 공습경보가 요란하게 들리고, 폭탄들이 터지는 소리가 하늘을 가르고, 터지는 폭탄들에 의한 섬광이 번쩍였습니다. 많은 사람이 희생당했습니다. 폭격 후에 살아남은 런던 시민은 한동안 후유증에 시달렸습니다. 소위 전쟁 트라우마가 있었던 것이지요.

그런데 런던의 정신병원은 상황이 달랐습니다. 정신병원

에 있던 많은 정신병 환자가 공습이 끝난 후에 정신병을 고쳤다는 것입니다. 그들이 정신을 차리고 정상인의 모습으로 돌아왔다는 것입니다. 그래서 2차 대전 이후에 영국 런던의 정신병원이 텅 비었다고 전해집니다.

그 이유를 살펴보니 공습이 있고 폭탄이 터질 때 환자들은 비록 정신병원에 있었지만, 그들의 가족들을 걱정하며 기도했답니다. 이런 시간을 통해서 정신병이 치유된 것입니다. 자기만 아는 사람일수록 자기 집착에 빠지고 정신 착란에 빠지기 쉽다고 합니다. 나만을 위하여 사는 사람은 자기 의도와는 달리 자기 파괴를 경험하게 됩니다.

행복한 삶을 위해 웃음의 효과를 말합니다. 행복을 위해 웃음도 유익합니다. 맞습니다. 웃으면 복이 온다고 합니다. 웃으면 마음에 기쁨이 옵니다. 행복을 원하는 사람은 가능한 한 웃으며 살아야 합니다. 웃음의 유익을 알고 웃음을 실천할 필요가 있습니다.

하지만 더 큰 행복을 위해 눈물이 필요합니다. 눈물은 웃음보다 훨씬 더 큰 힘이 있습니다. 특히 이웃의 아픔을 보고 공감하며 흘리는 눈물은 굉장한 힘이 있습니다. 이웃을 위해 흘리는 눈물에는 치유의 능력이 있습니다. 이런 현상을 '다이애나 현상'이라고 한답니다. 왜냐하면, 다이애나 왕세자비의 죽음을 보고 눈물을 흘린 사람마다 우울증에서 해방되고 정신병에서 치유를 받았기 때문입니다.

얼마 전 수리남이라는 나라를 방문했습니다. 잘 알려진 대로 극빈국입니다. 수리남의 고아들을 만나기 위해 방문했던 것입니다. 그곳에서 열악한 삶을 사는 고아들을 보며 많이 울었습니다. 그들의 삶은 처절했습니다. 가난한 고아들의 삶을 보며 너무 맘이 아팠습니다. 그들을 보고 돌아오는 길에, 또 돌아와 호텔에서 실컷 울었습니다. 못 살고 가난했던 저의 어린 시절도 생각나서 울었습니다. 울고 났더니 마음에 우울함이 사라졌습니다. 상쾌한 마음이었습니다. 저도 치유 받은 것입니다.

이웃의 아픔을 보고 같이 아파하고 같이 눈물을 흘리는 것은 굉장한 힘이 있습니다. 이웃을 위해 우는 눈물은 우리 마음의 찌꺼기를 씻어 주고, 흐르는 눈물이 마음이 주름살을 펴 줍니다. 이웃을 위해 울다가 자신의 마음과 육체의 질병을 치유할 수 있습니다.

이 글을 읽으시는 독자들이 사랑과 긍휼의 마음으로 울기를 권합니다. 마음이 무겁고 우울해지면 불쌍한 이웃을 보십시오. 불쌍한 이웃을 걱정해 보십시오. 불쌍한 사람들을 보며 긍휼히 여기며 그 아픔을 같이 아파하십시오. 그리고 그들을 위해 실천 가능한 작은 나눔과 사랑을 표현해 보십시오. 스스로의 문제가 해결되고 마음의 병들이 치유 받게 될 것입니다.

꿈으로 설레는 행복

마틴 루터킹 목사의 '나는 꿈이 있습니다(I have a dream)!'란 연설을 좋아합니다. 그 유명한 연설 몇 문장을 외웁니다. "나는 언젠가 조지아의 붉은 언덕에서 그 옛날 노예의 후손과 노예를 부리던 사람들의 후손이 한 식탁에서 식사할 수 있는 장면을 보는 꿈이 있습니다. (중략) 나는 내 아이들이 그들의 피부색이 아닌 그들이 품은 꿈과 인격으로 판단되는 나라에서 사는 날이 오리라는 꿈을 갖고 있습니다. 나는 꿈이 있습니다." (후략)

이 연설처럼 꿈을 품고 뜨겁게 기도한 적이 있습니다. 2017년 11월 말 LA행 비행기 안이었습니다. 10년의 이민 목회를 마치고 새 삶을 위해 이동 중이었는데 자꾸 눈물이 났습니다. 이유를 알 수 없는 눈물이었습니다. 옆에 앉은 미국인이 "무슨 일이냐?"라고 묻는데 할 말이 없어 '그냥(Just Because)!'이라고 대답했습니다.

미국과 한국의 목회 30년을 돌아보았습니다. 치열하게 열정적으로 사역했습니다. 보람도 성과도 있었습니다. 그런데 아쉬웠습니다. 남은 세월은 아쉬움 없이 살고 싶었습니다. 그래서 비행기 안에서 기도하며 새 꿈을 정리했습니다.

눈물은 여전히 흐르고 있었습니다. 그런데 이젠 이유 있는 눈물이었습니다. 새로운 꿈을 품고 뜨겁게 기도하였습니다. 이 기도 중에 세 가지 꿈을 품었습니다. 첫째는 내 행복이었습니다. 행복해지고 싶었습니다. 탈진에 이를 만큼 열심히 사역했고, 교회도 세웠고 사역의 열매도 있었지만 행복하지 못했습니다. 그래서 행복해지고 싶었습니다.

둘째는 행복을 전하고 싶었습니다. 목회하면서 늘 거룩한 불만을 품었습니다. 성과도 있었고 남들은 좋다고 하는데 자신에게나 성도들에게 관대하지 못했습니다. 자연히 행복을 나누지 못했습니다. 그래서 기회가 오면 행복에 대한 글을 쓰고, 행복을 전하겠노라 다짐하며 기도했습니다. 행복 전도사가 되고 싶었습니다.

셋째는 하나님의 사람들을 섬기고 싶었습니다. 좁은 동네에서 목회하며 힘들었습니다. 섬기고 사랑하려고 시작한 목회인데, 여의찮았습니다. 나의 섬김이 이웃 목회자들에게 짐이 되고 눈물이 되는 상황도 있었습니다. 그래서 기도하며 기회가 되면 LA지역을 맘껏 섬기겠노라 꿈을 품었습니다.

LA 생활을 기독일보 신문사 셋방살이로 시작했습니다. 전력을 알아본 기독일보 사장이 칼럼을 쓰라고 권해서 행복칼럼을 쓰기 시작했습니다. 이 칼럼을 쓰며 스스로 행복했고, 행복 메시지를 전했습니다. 우연한 기회에 목사회를 섬겼고, 이제는 이런저런 일을 맡아 이 지역을 섬기고 있습니다. 다민족 연합기도 운동 사무총장으로 섬긴 지 5년째입니다. 비행기 안에서 기도했던 꿈들이 이뤄지고 있음에 놀라게 됩니다.

크고 대단한 꿈은 아니지만 꿈이 이뤄지는 삶을 살면서 감격합니다. 어느덧 반환점을 지난 인생이 되었습니다. 백 년을 살아도 살아갈 날이 살아온 날보다 짧습니다. 좀 더 성숙하고 싶습니다. 좀 더 성숙한 사랑으로 사랑하길 꿈꿉니다. 좀 더 성숙한 메시지를 전하고 싶습니다. 이순(耳順)을 지나며 불평과 비난조차 순하게 듣는 귀를 갖고 싶은데, 여전히 좋은 말만 듣고 싶은 욕심에 시달리고 있습니다.

C.S. 루이스의 글을 읽다가 그가 행복한 천국을 묘사하는 것에 도전받았습니다. 행복한 천국을 마음에 그리며 천국을 소망합니다. 성도들의 두려움의 대상이 아닌 행복하고 매력적인 천국의 모습을 풀어낼 글을 쓰고 싶습니다. 천국의 행복을 알리고 천국을 소망하는 삶을 살고 싶습니다. 천국의 소망으로 죽음이 두렵지 않고 이 땅에서의 참 행복을 전하고 싶은 꿈으로 내 가슴은 뛰고 있습니다.

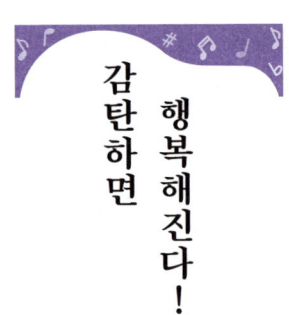

감탄하면 행복해진다!

긍정 심리학을 근거로 행복학을 연구한 학자들은 명랑한 정서를 갖는 것이 행복의 비결이라고 합니다. 명랑한 정서 즉 긍정의 정서를 갖는 좋은 방법은 감탄입니다. 감탄은 주어진 환경과 만나는 사물과 사건들 그리고 사람에 대하여 감탄하는 것입니다. 감탄하면 행복해지고 행복해지면 더 감탄한다고 합니다. 이렇게 되면 감탄의 선순환이 이뤄집니다.

앙드레 지드는 『지상의 양식』에서 모든 것에 감탄하는 사람이 지혜로운 사람이라고 말합니다. 그의 말을 그대로 옮겨 봅니다.

"저녁을 바라볼 때는 마치 하루가 거기서 죽어가듯이 바라보라. 그리고 아침을 바라볼 때는 마치 만물이 거기서 태어나듯이 바라보라. 그대의 눈에 비치는 것이 순간마다 새롭기를. 현자란 모든 것에 경탄하는 자이다." 참 좋은 문장입니다. 이 문장에 감탄합니다! 그리고 석양과 일출에 감탄하라는 그의 메시지에 감탄합니다!

성경에 하나님께서 감탄하셨다고 주장하는 사람들이 있습니다. 만물을 창조하시면서 하나님께서 "보시기에 좋았더라!"고 말씀하십니다. 여기에 하나님의 감탄이 있다고 합니다. 하나님께서 사람을 포함한 모든 피조물을 보시며 감탄하신 것입니다. 스스로의 작품에 하나님께서 감탄하신 것입니다.

출애굽 과정에서 이스라엘 백성들이 특별한 양식 만나를 접합니다. 사막에서 주신 하나님의 특별 양식입니다. 이 특별하고 신비한 양식을 본 이스라엘 백성들이 감탄하며 입에서 튀어나온 말이 "만나"입니다. 만나의 뜻이 "이것이 뭐지?"였습니다. 만나는 이스라엘 백성의 감탄이었습니다.

우리가 감탄사를 발하고, 진심으로 감탄할 때 행복감을 느낍니다. 우리들이 여행을 하고 아름다운 자연이나 세계적인 계곡과 불가사의한 것들을 보러 가는 이유가 사실은 감탄하기 위함입니다. 연극과 영화를 감상하고 음악회에 가는 이유도 감탄하기 위함입니다. 여행하는 이유도 감탄하기 위함입니다. 아름다운 자연과 웅장한 광경들을 보면서 감탄하는 것은 몸과 마음을 위한 영양제를 마시는 것입니다.

그러나 앙드레 지드의 말처럼 지혜로운 사람은 모든 일에 감탄하는 사람입니다. 사소한 일상에서 감탄하는 사람이 있습니다. 아내가 차려준 식탁 앞에서 감탄하는 남편이 있습니다. 이런 남편은 멋진 남편이자 지혜로운 남편입니다. 이런 감탄 감수성이 필요합니다. 행복한 사람은 감탄 감수성이 탁월한 사람입니다.

감탄을 잘 하는 사람에게는 친구가 많습니다. 감탄을 잘하는 연예인이 초청받는 프로그램이 많습니다. 가수 김종민은 탁월한 예능인 같아 보이지 않습니다. 그런데 이곳저곳 여러 예능 프로그램에 자주 등장합니다. 모 방송국 여행 예능인 1박2일에는 최장수 출연자입니다. 그를 PD들이 좋아한다고 합니다. 그는 감탄의 달인입니다. 그의 모습을 지켜보십시오. 그의 감탄을 배울 필요가 있습니다.

제가 자주 만나고 교제하고 제 삶을 의논하는 한 선배 목사님이 계십니다. 저희 어머님보다 조금 젊으신 선배님이신데 자주 만납니다. 그 선배님은 후배인 저를 인정해주시고 제가 하는 일에 감탄을 넣은 칭찬으로 격려해 주십니다. 그분과 만남은 신나는 만남입니다.

제가 설교로 봉사하는 작은 교회가 있습니다. 그 교회 목사님과 사모님은 저의 설교를 얼마나 칭찬하는지 모릅니다. 제 설교가 나성(LA)에서 들었던 설교라고 칭찬해 주십니다. 그야말로 경탄해 주십니다. 그분들의 칭찬과 경탄이 믿어지지는 않지만, 너무 좋습니다. 설교할 때에 힘이 납니다. 제가 누리는 감탄의 위력입니다.

행복의 비밀을 아는 사람은 직원이 가져다준 커피 한잔에 감탄합니다. 아내가 꺼내 준 시원한 물 한 잔에 감탄할 수 있고, 깨끗하게 다려준 와이셔츠를 입으며 경탄하는 남편이 행복한 남편입니다. 남편의 월급이 입금되는 날 남편의 수고에 감탄하는 아내가 행복한 남편을 만듭니다. 아침 식탁에 앉으며 감탄하는 남편이 행복한 남편을 만듭니다.

진정한 부자들! 나눔의 행복을 누리는

세상에는 두 종류의 부자가 있습니다. 5천인 분(分)을 혼자 먹는 것을 즐기는 부자가 있고 5천 명을 먹이는 즐거움을 누리는 부자가 있습니다. 이런 점에서 예수님은 오천 명을 먹이신 부자이십니다. 신앙인들 가운데 부자가 있습니다. 그런데 그들도 두 종류로 나뉘게 됩니다.

세상은 오천 명을 먹이려는 사람보다는 오천 인분(分)을 먹는 사람에게 관심을 보이고 그들의 삶을 환호합니다. 일견 오천 명분을 먹는 삶은 화려하고 편리합니다. 하지만 오천 명분을 혼자 먹는 삶은 공허합니다. 그 공허함과 헛헛함을 채우려고 더 먹고 더 쌓으려 합니다. 반면에 오천 명을 먹이는 부자는 나눌수록 더 풍성하고 배부르며 만족도가 높고 더 행복합니다.

오천 명분을 홀로 먹는 삶보다는 오천 명을 먹이는 삶이 더 행복하다는 것은 많은 연구의 결과입니다. 정신의학 용어 중에 헬퍼스 하이(Helper's High)란 말이 있습니다. 이 말은 도움을 주는 사람이 행복해진다는 말입니다. 이 말은 미국의 내과 의사 앨런 룩스(Allan Luks)가 그의 책 『선행의 치유력(The Healing Power of Doing Good)』에서 최초로 사용했습니다.

앨런 룩스가 자신의 실험 결과를 발표하면서 '돕는 사람이 행복해진다'라는 뜻으로 이 말을 사용했습니다. 앨런 룩스는 사람이 남을 도우면서 혹은 도운 후에 정서적 포만감을 느끼게 되는데 이것이 인간의 신체에 긍정적 변화를 일으킨다고 합니다. 이 행복감은 단순히 정신적인 효과나 기분만이 아니라 신체적으로도 긍정적인 반응이 나타난다고 그는 보고했습니다.

소득의 크기보다 그 소득을 어떻게 쓰는가가 행복감에 더 중요하다는 사실을 밝힌 실험이 있습니다. 일반 시민 46명에게 5불 혹은 20불이 든 봉투를 무작위로 나누어 준 다음 참가자 절반에게는 그 돈을, 자신들을 위해, 나머지 절반에게는 남을 위해 쓰도록 부탁했습니다. 그리고 그들의 행복감을 조사했습니다. 결과 금액의 크기와 무관하게 남을 위해 돈을 쓴 사람의 행복감이 자신을 위해 돈을 쓴 사람의 행복감보다 높다는 것입니다.

매년 3월 20일(?)은 유엔이 정한 행복의 날입니다. 이날 행복한 나라가 발표되는데, 핀란드, 덴마크, 아이슬란드, 스웨덴, 스위스 등등 북유럽 기독교 국가들이 언제나 상위를 차지합니다. 행복 선진국의 일반적 특징은 생활 속에 기독교 정신이 강하게 뿌리 박힌 국가들입니다. 더 중요한 사실은 행복 선진국은 국민의 기부지수가 높은 나라라는 것입니다. 나눔이 행복의 중요한 요소라는 것입니다.

선교지에 선교비를 보낼 때마다 가슴이 뜁니다. 그 순간 참으로 행복합니다. 선교비에는 눈물, 땀 그리고 정성이 담겨 있습니다. 선교비를 보내기 위해 기도하고 절약하고 헌신합니다. 선교비 송금을 위해 은행을 갈 때면 콧노래가 저절로 나옵니다. 이 선교비를 받고 얼마나 기뻐할까? 생각하면 가슴이 뜁니다. 늘 선교비를 더 보낼 궁리로 골몰합니다. 참 행복합니다. 덜 먹고 덜 입으며 나눔을 실천하는 위인들의 행복을 알 것 같습니다.

최근 몇몇 성도들로부터 선교비를 받았습니다. 모르긴 해도 그들이 선교비를 준비하고 전달하며 행복했으리라 믿습니다. 그들이 나눔과 섬김으로 누리는 행복을 충분히 누리기를 바랍니다. 선교헌금을 보낸 그들의 봉투를 들고 그들 이름을 불러가며 그들이 섬김과 나눔의 행복을 아는 참 부자가 되고 오천 명을 먹이는 거룩한 비전을 품기를 간절히 기도했습니다. 그들의 행복이 오래오래 지속하기를 기도합니다.

Mr. 괜찮습니다!

노벨 문학상 수상자 유진 오닐(Eugene O'Neill)의 희곡 중 『나사로가 웃었다(Lazarus laughed)』란 작품이 있습니다. 성경에 죽었다가 살아난 나사로 이야기를 각색한 글입니다. 유진 오닐은 이 작품에서 죽음, 천국 그리고 부활을 경험한 나사로가 어떤 사람으로 변화되었는가를 그리고 있습니다. 작가는 나사로가 부활을 체험한 이후 삶을 추적하면서 그의 변화된 삶을 그려내고 있습니다. 이 작품을 통해서 작가는 부활과 천국을 확신하며 소망하는 성도들이 살아야 할 삶의 모습을 제시합니다.

작품에서 다시 살아난 나사로는 모든 일을 웃음으로 대합니다. 천국과 부활을 경험하고 보니 땅에서 일어나는 일들이 시시해 보여서 허허 웃어넘깁니다. 나사로는 사람들의 비난에도 껄껄 웃고, 재산의 손해를 봐도 허허 웃고 맙니다. 나사로는 아프고 힘든 날을 보내도 허허 웃었습니다. 나사로는 웃고, 또 웃었습니다. 부활과 천국을 아는 그는 웃어야 할 분명한 이유가 있었습니다. 유진 오닐의 의도가 무엇인지 모르지만, 그는 부활한 나사로의 모습을 통해 넉넉한 성도의 모습을 그려냅니다.

부활한 이후 웃으며 살고 있는 나사로의 별명을 붙이라면 'Mr. 허허!' 혹은 'Mr. 괜찮습니다'라고 붙일 것입니다. 죽음을 경험하고 천국을 경험하고 부활한 나사로는 모든 것에 웃을 수 있었고, 모든 일에 '괜찮습니다!'라고 대답할 수 있었습니다. 그에게 괜찮지 않은 것은 없었습니다. 그는 문제되는 일이 없었습니다. 그는 모든 일과 모든 상황에 늘 괜찮다고 너그럽게 응대하는 'Mr. 괜찮습니다!'였습니다. 참 부러운 모습입니다. 이렇게 살고 싶은 것이 소원입니다.

지난 주간에 두 번씩이나 약속이 어긋났습니다. 두 번의 약속 모두 약간의 부주의함이 있었고 불평의 여지가 있었습니다. 다시 약속을 정하고 약속 장소에 나가는 번거로움이 있었지만 별로 불편하지 않았습니다. 이런 상황에 대하여 몇 번씩 양해를 구하는 상대방에게 "괜찮습니다!"로 응했습니다. 진심으로 괜찮았습니다. 지난 주간에 어설프지만 'Mr. 괜찮습니다.'를 흉내 냈었습니다.

얼마 전, 어느 후배 목사님이 "선배님은 어떻게 나이 들어가고 싶은가요?"라고 물었습니다. 갑작스러운 질문에 조금 당황했습니다. 그런데 입에서 튀어나온 말이 '나이가 들어갈수록 괜찮은 사람이 되고 싶습니다!'였습니다. 좀 더 자세한 설명을 요청하는 그에게 세월 따라 좀 더 괜찮은 사람이 되고 싶고, 범사에 '괜찮습니다'라고 말하는 사람이 되고 싶다고 했습니다. 불편한 상황에 미소 짓는 사람이 되고 싶다는 것이 제가 마음에 품고 있는 소원입니다.

저를 잘 아는 사람은 이 글을 읽으면서 실소할 것 같습니다. 부끄럽게도 저는 너그러움과 거리가 멉니다. 맘도 좁고, 삐치(?)기도 잘하는 못나고 찌질한 캐릭터입니다. 아마 목사가 되지 않고 평신도로 살았으면 범사에 삐치고 범사에 시험드는 못난 집사(장로는 꿈꾸지도 못합니다)로 살았을 것 같습니다. 하나님 은혜로 목사가 되었지만, 못난 천성을 고치기는 쉽지 않네요. 이 점이 늘 아쉽습니다. 요컨대 'Mr. 괜찮습니다'가 되고 싶습니다.

관계가 오래 유지되고 존경과 감사로 기억되는 사람들은 'Mrs. 괜찮습니다.'이거나 'Mr. 괜찮습니다'입니다. 그들은 불편할 수밖에 없었던 상황과 사건들을 수용하며 '괜찮습니다!'로 정리했던 분들입니다. 그리고 '괜찮습니다!'를 외쳤던 'Mr. 나사로', Mrs. 나사로' 같은 사람들은 행복한 사람들입니다. 그들은 자신이 행복할 뿐 아니라 주변을 행복하게 합니다. "괜찮습니다!"라는 행복을 부르는 구호입니다.

유진 오닐은 부활한 나사로가 너털웃음으로 세상을 조롱하고, 모든 상황에 '괜찮습니다!'로 호기를 부리는 것으로 그려냅니다. 천국과 부활을 경험했던 나사로처럼 세상을 관조하며 살고 싶습니다. 너털웃음으로 시시한 세상을 조롱하고 별것 아닌 세상사에 묻지도 따지지도 않고 "괜찮습니다!"라며 호기를 부리고 싶은 마음 간절합니다. 또 그런 여유로운 나사로를 만나 일하고 싶습니다. 삶의 뜨락에 'Mr. 괜찮습니다!'와 나사로의 너털웃음 소리가 가득했으면 좋겠습니다.

불 꺼진 아파트

은퇴한 교장이 아내와 함께 고향을 떠나 서울에서 살고 있습니다. 하나뿐인 아들네와 가까운 곳에 살기 위함이었습니다. 원래 교장과 아내는 평수가 넓은 아파트를 하나 사서 아들네와 같이 살고 싶었습니다. 그러나 며느리와 대화 후 생각을 바꿔서 같은 단지에 있는 아파트 두 채를 샀습니다. 아들네는 조금 큰 아파트로 노인네 부부는 좀 작은 아파트를 장만했습니다. 두 집은 같은 아파트 단지 앞뒤 동에 있어서 소위 '불빛을 확인할 수 있는 거리'였습니다.

이렇게 살면서부터 교장의 속 사정을 모르는 주변 사람들은 교장을 행복한 노인네라고 부러워했습니다. 처음에는 시답잖게 받아들였는데 그들이 진심으로 부러워하는 것을 알고 자기들도 자랑하게 되었습니다. 학교에서 사회 과목을 가르치는 선생인 며느리는 똑소리 나는 현대 여성입니다. 한동안 시부모를 저녁에 초청해 주었습니다. 며느리 초청으로 아들네에 가서 퓨전 음식 먹고 손주를 보고 오면 참 좋았습니다.

그런데 세월이 흐르며 문제가 생겼습니다. 처음에는 신기했던 퓨전 음식이 질리기 시작했습니다. 아내는 아들네에서 저녁을 먹고 와서 물김치를 마시며 이런 것을 먹고 사는 아들이 불쌍하다고 했습니다. 그 걱정이 발전해 아들이 좋아하였던 음식을 만들어 나르기 시작했습니다. 아들이 어릴 때 먹었던 청국장을 갖다주고는 아들이 좋아했다며 행복해했습니다. 그 후 아내는 누룽지, 숭늉, 김치를 퍼다 날랐습니다.

방문이 잦아지자, 아들네 문이 잠겨 있는 경우가 생겨 그냥 돌아오기도 했습니다. 그래서 아들네 집에 불이 켜져 있는지를 확인하고 가게 되었다. 그런데 언젠가부터 아들네 창문에 불이 꺼지기 시작했습니다. 어느 날은 분명히 불이 켜져 있는 것을 보고 건너가 초인종을 울렸는데 문이 열리지 않아 돌아왔습니다. 헛걸음한 아내가 안쓰러웠습니다. 불길한 생각이 들어 아내 몰래 아들 집에 가서 초인종을 울렸습니다. 집안에 인기척이 있는 듯했는데 아무 반응이 없었습니다.

내려오는 엘리베이터에 아들네 앞집 사람이 탔습니다. 겸연쩍어서 ○○호에 찾아왔더니 사람이 없어서 헛걸음했다고 말하자 "앞집 선생님요? 방금 우리 집에서 파 한뿌리 얻어 가셨는데요"라고 했습니다. 역시 그랬습니다. 아들네는 우리가 불편해 사람이 없는 것처럼 보이려고 촛불을 켜 놓고 문을 열어주지 않았습니다.

문제는 이 상황을 마누라에게도 알려야 하는데 난감했습니다. 아내가 이 상황을 충격 없이 이해하고 받아들이게 하고 싶었습니다. 그래서 집에 돌아가 아내에게 '젊은이들처럼 촛불로 식탁을 밝혀 보자!'라고 제안합니다. 이상은 박완서의 소설 『촛불 밝힌 식탁』의 줄거리입니다. 작가 박완서는 우리 시대가 겪는 아픔을 질펀하게 그리고 있습니다.

익숙한 이야기입니다. 마치 우리 옆집에서 일어날 법한 일입니다. 아마도 그날 밤 아버지 가슴은 시리도록 아팠을 것입니다. 어쩌면 밤잠을 이루지 못했을지도 모릅니다. 아들도 맘이 편치는 않았을 것입니다. 안타깝게도 이런 부류의 사연을 찾자면 차고 넘칠 것입니다. 조금 과장하면 이 시대를 사는 모두가 겪는 아픔입니다.

부모와 자녀가 서로 배려해야 이런 아픔을 막을 수 있습니다. 부모가 젊고 건강할 때는 부모가 배려했습니다. 성장하고 나면 젊은 세대(며느리와 아들)의 배려가 필요합니다. 물론 배려가 부족한 젊은 세대를 노련한 부모들은 더 많이 배려하고 이해함으로 갈등을 줄입니다. 사랑은 배려와 존중을 먹고 자랍니다. 행복은 사랑의 열매입니다. 가정의 달(5월)을 보내며 배려와 존중으로 만드는 행복을 생각합니다.

Good Morning이 없는 미국의 아침

매일 아침 LA 코리아타운을 걷습니다. 하루 목표인 1만 보를 걷기 위해 아침에 6천 보를 걷습니다. 6천 보를 걸으려고 한 시간 남짓 걷는데 아침의 한 시간 걷기는 참 좋습니다. 생각도 정리하고, 기도도 하고, 듣거나 읽었던 말씀을 묵상하고 때로는 전할 말씀을 묵상하기도 합니다.

그런데 얼마 전부터 이상한 점을 느꼈습니다. 1시간 이상을 걷는 동안 인사를 주고받지 않는 것이었습니다. 그러니까 그 흔하고 간단한 "Good Morning!"이 없는 미국의 아침이었습니다. 생각할수록 너무 이상했습니다. 미국의 한복판인 LA 다운타운의 아침에 Good Morning이 없다는 것이 너무 어색했습니다.

2005년 3월에 영국 출장을 갔습니다. 공무 출장을 마치고 신학교 도서관과 주변을 돌아보는 자유 시간을 가졌습니다. 안내를 맡은 마이클 톰슨(Michael Thomson) 중령의 도움으로 유익한 시간을 가졌습니다. 어느 날 갑자기 날씨가 몹시 추웠습니다. 당황스러울 만큼 추운 날씨에 계획된 일정을 진행하느라 자동차 안에서 많은 시간을 보냈습니다. 그날 우리는 영국 날씨에 관한 대화를 주로 나눴습니다.

톰슨(Thomson) 중령은 영국 날씨에 관하여 자세하게 설명했고 날씨와 얽힌 많은 이야기를 들려주었습니다. 그는 날씨와 관련된 영국의 역사와 문화 그리고 날씨에 얽힌 전쟁 이야기, 나아가 날씨에 관련된 정치 이야기를 들려주었습니다. 톰슨 중령은 날씨 관련 인사의 배경도 설명해 주었습니다.

톰슨 중령은 굿모닝의 유래에 두 가지 설(說)이 있다고 설명했습니다. 첫째는 좋은 아침을 맞은 기쁨의 표현입니다. 일 년 내내 일기가 좋지 않은 영국은 조금만 날씨가 좋으면 흥분되어 호들갑을 떠는 표현으로 "좋은 아침입니다!" "오늘 아침 날씨가 정말 좋습니다!"라는 의미로 "굿모닝 (Good Morning!)"이라고 인사했다고 합니다. 이것은 들뜨고 흥분된 환호성 같은 인사입니다.

둘째는 날씨는 나쁘지만, 기분 좋게 아침을 맞이하길 바란다는 기원이라고 합니다. 일 년 내내 날씨가 좋지 않은 영국에서 날씨에 의해 아침 기분이 좌우지되면 항상 불행할 수밖에 없다고 합니다. 그래서 변화무쌍한 영국 날씨에 좌우되지 말고 "비록 날씨는 이래도 좋은 아침이 되시길 바랍니다!"라는 의미로 "Good Morning!"으로 인사했다고 합니다.

그러니까 "Good Morning!"은 생략문입니다. 모처럼 해가 빛나는 좋은 날에는 "좋은 아침입니다!(It is a good morning!)"라는 의미였고, 궂은 날씨엔 "좋은 아침이 되시길 바랍니다 (I wish you have a good morning)"라는 말의 축약입니다. 어떤 의미이건 아침에 만나는 상대방의 행복한 아침을 바라며 건네는 인사로 손색이 없습니다.

최근 아침은 조금 나아졌습니다. 몇몇이 나의 굿모닝에 반응하고 있습니다. 사거리에서 음료수를 파는 부부도, 매일 아침 개와 함께 산책하는 할아버지도 굿모닝으로 응수합니다. 간단한 아침 인사로 우리는 이미 친구가 되었습니다. 안부와 사는 곳을 묻기도 합니다. 그러나 여전히 냉랭한 반응이 더 많습니다.

요즘 LA에서 나누는 굿모닝은 "좋은 아침이 되시길 바랍니다 (I wish you have a good morning)"라는 기원의 표현입니다. 우울한 뉴스가 많은 요즈음 진심으로 좋은 아침이 되길 바랍니다. 아울러 이런 작은 인사로 더 밝고 아름다운 세상이 되기를 바랍니다. 아직 미흡하지만, 간간이 굿모닝(Good Morning)이 들리는 아침이 좋습니다. 굿모닝(Good Morning)이 가득한 LA 아침을 꿈꾸며 내일 아침도 굿모닝을 외치리라 다짐합니다.

황홀한 행복을 누리는 비결

일본에, 삶에 불만이 많은 한 여학생이 있었습니다. 그녀는 18세에 큰 사건을 경험합니다. 먼저 어머니가 세상을 떠났습니다. 또 하나는 삶에 회의를 느끼고 달리는 기차에 몸을 던졌습니다. 4지 중에 손가락 3개만 붙은 오른팔만 남았습니다. 더 절망적이었습니다. 이제 그녀는 완벽한 자살을 준비했습니다.

그러던 어느 날, 타하라 아키토시란 한 신학생이 병원 전도를 와서 성경을 주고 갔습니다. 그가 준 성경을 읽다가 "누구든지 그리스도를 믿으면 새사람이 된다. 낡은 것은 사라지고 새것이 되었다"라는 구절을 보았습니다. 그 순간, 그녀는 자신의 오른팔에 손가락이 무려 3개나 붙어 있다는 것이 새삼스러웠습니다. 그때부터 그녀는 '없는 것'에 집착하지 않고 '있는 것'에 감사하게 되었습니다.

감사하는 마음을 가지면서 그녀의 내면은 아름답게 변했습니다. 그녀의 내면의 아름다움에 반해버린 한 남자가 청혼했습니다. 그녀를 전도했던 신학생 타하라였습니다. 결국, 둘은 가정을 이루고 두 딸을 낳고 행복하게 살았습니다. 그녀는 자신의 행복을 『산다는 것이 황홀하다』라는 책에 고백합니다. 그녀는 타하라 요네코입니다.

그녀는 『산다는 것은 황홀하다』에서 '감자와의 전쟁'을 전합니다. 어느 날, 음식을 하려고 감자껍질을 벗기려는데 손가락 세 개만 남은 오른손으로 감자를 잡는 것이 불가능했습니다. 그녀의 노력을 비웃듯 감자는 튕겨 나갔습니다. 절망감에 그녀는 식칼로 자신을 찌르고 싶은 충동을 느꼈습니다.

그 순간 그녀는 마음을 가다듬고 기도했습니다. "저 같은 사람에게도 남편과 자녀를 주신 사랑의 하나님! 사랑하는 남편과 자녀를 위해 감자요리를 하게 도와주세요." 기도를 마치자마자 기발한 생각이 떠올랐습니다. 생각대로 감자를 도마 위에 올려놓고 식칼로 반을 잘랐습니다. 감자는 순한 양처럼 얌전히 한 곳에 정지된 채 있었습니다. 감자껍질을 벗겨 맛있는 감자요리를 했습니다.

그녀는 요리, 청소 등 거의 모든 살림을 하며 살았습니다. 그녀는 절망한 사람들을 만나면 자신의 몸을 보여주며 "힘내세요. 하나님은 나 같은 장애인도 사랑합니다. 당신이 중요한 것을 잃었겠지만, 그래도 남은 것이 있습니다. 당신이 하나님의 목적을 따라 살면 삶은 여전히 황홀한 것입니다"라고 말합니다.

많은 것을 누리면서도 "삶이 지겨워요!"라고 말하는데, 큰 장애가 있는 타하라 요네코의 황홀하다는 고백은 큰 울림이 있습니다. 중증장애를 갖고도 "황홀한 삶"을 사는 그녀의 비밀은 감사입니다. 도무지 감사할 수 없는 삶의 조건에서 감사하는 것이 황홀한 삶을 사는 타하라 요네코의 자산(資産)입니다.

감사가 행복의 열쇠라는 것은 인류가 축적한 지혜입니다. 로마 철학자 키케로는 "감사는 최고의 미덕일 뿐 아니라 다른 모든 미덕의 어버이다"라고 했고, 인도의 시성 타고르는 '감사의 분량이 행복의 분량'이라고 했습니다. 반면에 독일의 문호 괴테는 '세상에서 가장 쓸모없는 인간은 감사할 줄 모르는 사람이다'라고 했습니다. 감사는 인격이요 교양이요, 행복의 열쇠입니다.

감사절입니다. 감사가 감사절의 행사로 끝나지 말아야 할 것은 감사가 행복을 여는 열쇠이기 때문입니다. 우리의 행복과 영생을 밝히는 신구약 성경에 "감사하라!"라는 메시지가 38회 정도 등장합니다. 하나님의 백성들은 감사하는 사람들입니다. 감사는 신앙인의 마땅한 반응입니다. 감사는 인격이요 교양이요, 신앙고백입니다.

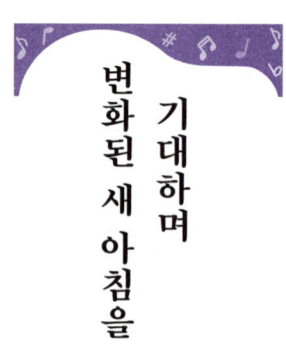

기대하며 변화된 새 아침을

에벤에셀 스크루지(Ebenezer Scrooge)는 지독한 구두쇠입니다. 거지들조차 그에게는 구걸하지 않고 개들도 그를 알아봅니다. 유일한 직원 크래칫(Crachit)에게 주는 봉급도 아깝고 극심한 추위에도 사무실 난방비가 아까워 석탄 난로도 함부로 피우지 못하게 합니다. 그는 돈을 아끼려 외롭게 삽니다. 조카의 성탄절 이브 식사 초대도 거절하고 궁상맞게 혼자 집으로 갔습니다.

스크루지는 텅 빈 집에 들어갔습니다. 그런데 갑자기 쇠사슬 소리가 들리고 죽었던 친구 유령이 나타났습니다. 그는 욕심쟁이 동업자였습니다. 말리는 스크루지도 자기처럼 될 거라고 말하며 세 유령이 나타나 과거, 현재, 미래를 보여 줄 것이라고 말하고 사라졌습니다.

첫 번째 유령이 스크루지를 끌고 과거로 갔습니다. 스크루지 어린 시절이 보이고, 그를 고용했던 사장도 보였습니다. 그 사장은 따뜻한 사람이었습니다. 덕분에 스크루지의 어린 시절은 행복했습니다. 그러나 스크루지는 돈 때문에 애인을 버렸습니다. 스크루지는 돈을 인생의 전부로 여기는 무서운 수전노가 되었습니다.

두 번째 유령은 스크루지를 데리고 그의 직원 크래칫 집으로 갔습니다. 가난한 그의 집에는 어린 아들이 병을 앓고 있었습니다. 그 어려움 중에도 크래칫은 스크루지가 너무 돈을 아끼다가 건강을 해치지 않을지 걱정합니다. 월급도 안 올려 주고 추위에 석탄 한 조각 주며 일을 시키는 나쁜 사장인데 그를 걱정합니다.

세 번째 유령이 그를 미래로 데리고 갔습니다. 누군가의 장례식이었습니다. 하지만 아무도 슬퍼하지 않고 오히려 망자를 비난하고 조롱했습니다. 유령이 그에게 망자의 묘비를 보여주었습니다. 그는 깜짝 놀랐습니다. 죽은 사람이 바로 자신이었는데 자신의 묘비에 "한평생 자기만 생각하고 살아온 구두쇠 스크루지가 이곳에 잠들다"였습니다. 그는 큰 충격을 받고 잠에서 깨어났습니다.

깨어보니 크리스마스 아침이었습니다. 스크루지는 완전히 변화되어 새 아침을 맞습니다. 우선 자신의 직원 크래칫의 집에 큰 칠면조를 보냈습니다. 스크루지답지 않게 이름을 밝히지 않았습니다. 가난한 사람들을 위해 써달라고 큰돈도 기부했습니다. 그리고 그는 조카 집에 가서 크리스마스를 함께 보냈습니다.

변화된 아침에 스크루지는 참 행복을 깨달았습니다. 길거리 아이들과 거지들과 이야기하고 그들을 쓰다듬었습니다. 그러면서 행복을 느꼈습니다. 평범한 삶에서 누리는 큰 기쁨을 깨달은 것입니다. 에벤에셀 스크루지는 완전한 새사람이 되었습니다. 이상은 찰스 디킨스의 『크리스마스 캐럴』의 줄거리입니다.

작가는 에벤에셀 스크루지의 통렬한 각성과 극적인 변화를 그리고 있습니다. 주인공 이름이 에벤에셀(Ebenezer) 스크루지라는 것이 흥미롭습니다. 스크루지의 본명(First Name)이 성경에 나오는 에벤에셀(지금까지 하나님이 도우셨다는 뜻)입니다. 하나님 은혜를 알라고 부모들이 에벤에셀이라 불렀는데 그는 하나님 은혜를 몰랐습니다. 그는 이름대로 살지 못하다가 변화되어 이름값을 했습니다.

에벤에셀 스크루지의 변화는 자신의 과거, 현재, 미래를 보며 돌이킨 결과입니다. 성경에서 사무엘과 이스라엘 백성이 대오각성하고 에벤에셀 탑을 세웠습니다. 연말에 하나님의 도우심으로 여기까지 왔음을 깨닫고 "에벤에셀"을 되뇌고 있습니다. 새 삶을 시작한 에벤에셀 스크루지처럼 삶의 본질을 깨닫고 각성한 삶을 살고 싶습니다. 변화된 에벤에셀 스크루지의 맘과 눈으로 새해를 맞고 싶습니다.

어머님의 여행 준비

고국을 방문할 때마다 계획하지만 쉽게 실행하지 못하는 것이 어머님과의 여행입니다. 계획했던 어머님과의 여행을 몇 번씩 취소했고, 대폭 축소된 여행을 고작 한두 번 했습니다. 어머님과의 여행이 잘 지켜지지 않는 데는 이유가 많습니다. 우선 약하신 어머님 건강과 체력입니다. 팔순 후반의 어머님은 허리와 다리가 약해 여행을 어려워하십니다. 둘째는 나의 부족한 효심입니다. 셋째는 피치 못할 상황(예컨대 병원 입원 등)의 발생입니다.

올해도 단단히 벼르며 어머님과 여행을 준비했습니다. 날짜도 정하고, 갈 곳도 두세 곳 알아보고, 사업하는 동생의 도움으로 차량도 준비했습니다. 그런데 갑자기 병원에 입원했습니다. 의사 선생님과 상담 과정에서 시작된 사소한 대화로 심장병원에서 스텐트 시술을 받느라 여유 시간이 사라져 버렸습니다.

다행히 의사 선생님의 배려와 컨디션의 호조로 하루가 생겼습니다. 어머님을 설득해 어머님과 짧은 여행을 했습니다. 맛난 점심도 먹고, 어머님 추억이 담겨 있는 몇 곳들을 돌아보았습니다. 과거 기억을 떠올리시며 찬송가를 부르시는 어머님을 따라 같이 찬송했습니다. 자동차 안에서 목청껏 이중창을 불렀습니다.

어머님은 당신의 최애 곡 '지금까지 지내 온 것'을 부르셨습니다. "지금까지 지내온 것 주의 크신 은혜라~ 한이 없는 주의 사랑 어찌 이루 말하랴? 자나 깨나 주의 손이 항상 살펴 주시고, 모든 일을 주안에서 형통하게 하시네." 그날 차 안에서 우리는 이 찬송을 수없이 불렀습니다. 그야말로 무한 반복이었습니다.

찬송을 부르다 둘 다 울었습니다. 어머님은 1절 마지막 소절 "모든 일을 주 안에서 형통하게 하시네"라는 대목에서 우셨고, 나는 2절 첫 소절 "몸도 맘도 연약하나 새 힘 받아 살았네." 하는 대목에서 몸도 맘도 약해지신 어머님 모습을 보며 울컥했습니다. 의도치 않은 눈물의 이중창이 되었습니다.

요즈음 미국으로 갈 때마다 어머님께 큰절을 드립니다. 어머님이 팔순을 넘기다 보니 어쩌면 마지막 인사가 될 수도 있다는 불안감이 있습니다. 어쩌면 마지막이 될 수 있다는 생각을 하며 내년 여행을 약속했습니다. 둘 다 컨디션 준비 잘 해서 내년엔 꼭 여행을 하자고 했습니다. 어머님의 고향, 어머님 신혼살림을 꾸렸던 마을 그리고 고향 교회를 찾기로 했습니다. 여행을 약속하는데 벌써 어머님 얼굴은 상기되었습니다. 어머님은 내년 여행 준비를 시작하셨습니다.

그러나 어머님은 오래전부터 중요한 여행을 준비하십니다. 그 여행은 영원한 천국행 이민 여행입니다. 어머님의 모든 관심은 천국행 여행 준비에 결부되어 있습니다. 결연하고 담담하게 천국행 여행 준비가 다 되었다는 어머님이 부럽고 감사합니다. 어머님은 그 여행을 진심으로 기대하며 사모하십니다.

인류 역사상 한 사람도 예외 없이 영원한 여행을 갔고, 가고 있습니다. 누구나 가야 합니다. 예외가 없습니다. 그런데 종종 이 영원한 이민 여행을 염두에 두지 않고 사는 모습을 봅니다. 성도의 삶이란 결국 천국행 이민 여행 준비입니다. 이 마지막 여행을 잘 준비하는 것이 가장 훌륭하고 가장 지혜로운 삶입니다. 이 여행 준비가 안 되면 영원한 실패자가 됩니다.

2008년 2월 20일 미국 이민을 왔습니다. 우리 네 식구 숫자대로 이민 가방 8개만 꾸렸습니다. 다 버리고 꼭 필요한 것들만 챙겼습니다. 천국행 여행 짐은 더 간단할 것입니다. 그런데 우리는 이 땅에 영원히 살 것처럼 우리 짐을 늘립니다. 여행을 준비하는 어머님을 보며 영원한 이민 여행을 생각해봅니다. 영원한 이민국을 사모하며 믿음으로 그 여행을 잘 준비할 수 있기를 간절히 기도합니다.

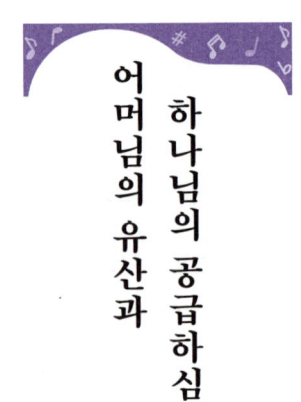

하나님의 공급하심 어머님의 유산과

밤중에 문자가 왔습니다. 한국에서 한 예비역 장군이신 장로님이 선교헌금을 선교비 통장으로 송금했다는 문자였습니다. 감사 메시지로 드리고 감사기도를 드렸습니다. 신간 『손에 잡히는 크리스천의 행복론』을 팔고 책값을 송금했다는 후배 목사님의 메시지, 선교지 불우 아동 돕기에 동참한다는 선배와 K 집사님의 메시지, 모두 공급하시는 하나님의 신호입니다. 주님과 나눔을 실천하는 사람들에게 감사드립니다.

1988년 3월 5일에 목사 안수를 받은 후 저의 삶에 절대 가난은 없습니다. 부자는 아니지만, 경제적인 어려움 없이 사역하며 살아갑니다. 시시때때로 삶과 사역에서 때를 따라 공급하시는 하나님을 체험합니다. 부모님께 경제적 큰 도움을 드린 적도 없지만, 부모님의 경제적 지원을 받은 적도 없습니다. 부모님의 경제적 지원 없이 살아온 것이 감사요 자랑거리였습니다.

그런데 지난 2023년 4월에 어머님께서 백만 원을 주셨습니다. 학창시절 후 처음으로 어머님께 받는 돈이었습니다. 어머님 형편을 생각하면 큰돈이었습니다. 펄쩍 뛰며 강하게 거부했습니다. 그 돈이 필요도 없었고, 팔순 어머님으로부터 돈을 받는 것은 용납할 수 없었습니다. 실랑이 중에 어머님의 진심을 들었습니다.

어머님은 첫째로는(?) 진심으로 아들의 사역을 응원하며 축복하길 원하셨고 둘째는, 아들에게 선교 후원금이 부족할까를 걱정하셨습니다. 어머님 말씀을 들으며 숨이 턱 막혔습니다. 생각지도 못했던 어머님 마음이었습니다. 어머님 뜻을 어기지 못하고 백만 원을 받았습니다. 그리고 삶과 사역에 하나님의 공급하심을 간증하였고, 어머님은 팔십 평생을 착오 없이 채워주신 하나님의 공급에 관한 간증을 하셨습니다.

그 날 내 손을 꼭 잡고 '우리 목사가 그럴 리는 없지만, 혹시라도 어려워 선교비에 시험당할까 봐 기도했다'라는 어머님 말씀에 가슴이 뭉클했습니다. 어머님은 그때 아들에게 백만 원을 주시며 마음을 전하고 싶었는데 80만 원밖에 없었다고 합니다. 끙끙대며 기도하시는데 마침 내가 그날 어머님께 용돈을 드리자 백만 원을 채워주시며 마음도 주셨습니다. 어머님의 사연과 마음을 알고 그 날 밤 이불 속에서 흐느끼다 잠들었습니다.

그날을 잊을 수가 없습니다. 그날은 어머님 마음의 소원을 확인하고 유산을 받은 날이었습니다. 80대 어머님이 60대 아들 목사에게 하나님의 채우심을 의지하며 신실하게 사역하라고 부탁하셨습니다. 하나님의 공급을 의지하며 누리는 삶과 신앙을 유산으로 받았습니다! 나는 그날 한국 통장을 어머님께 펼쳐놓고 하나님의 공급하심을 증명(?)하며 더

욱 신실하겠다고 굳은 약속을 했습니다.

그 후로는 어머님께 모든 통장을 맡겨 두고 어머님께서 확인하시게 합니다. 또 선교 현장을 섬기는 일들을 일일이 말씀드리고 기도를 요청합니다. 그리고 기회 있을 때마다 부자는 아니지만, 하나님 은혜로 옹색하거나 궁핍하게 살지 않으며, 근검절약해야 하지만 하나님의 공급하심을 통해 풍성히 살아가는 삶(빌4:19)을 간증 삼아 말씀드립니다.

순간마다 하나님 공급하심을 경험합니다. 욕심을 부릴 필요도 없고, 욕심을 부려도 안 됩니다. 하나님의 채우심은 늘 신비롭고 풍성합니다. 하나님의 공급하심을 경험할 때마다 어머님 유산이 생각납니다. 하나님의 채우심을 신뢰하며 평생을 사신 어머님이 존경스럽고 부럽습니다. 오늘도 하나님의 채우심과 공급하심을 신뢰하며 하루를 시작합니다.

오블리주
신앙인의 노블레스

　동부행 비행기 옆자리에 동두천에서 대대장을 지낸 노신사가 앉았습니다. 그는 조지아에서 근무하는 군인 아들을 만나러 가는 길이었습니다. 그는 3대가 군인이요, 3대가 한국에 근무했음을 자랑했습니다. 이륙에서 착륙까지 귀가 아프고 입이 아프도록 그와 대화를 했습니다. 그의 한국 사랑에 내 애국심이 초라해서 부끄러웠습니다.

　그는 아버지가 한국전에 참전했음을 자랑했고, 한국전 전사(戰史)를 줄줄이 꿰고 있었습니다. 그는 한국군 전쟁 영웅인 백선엽 장군, 김백일 장군 등을 잘 알고 있었습니다. 그는 한국전에서 많은 미군 장군들의 아들들이 참전했음을 자랑했습니다. 6·25에 참전한 미군 장군의 아들이 142명이나 되었고, 그중 35명이 사망하거나 실종됐다고도 했습니다. 그의 말대로 한국전에 미군 장군들 가족이 남긴 아름다운 희생과 헌신은 감동적입니다. 우리에게는 부러운 이야기들입니다.

제2대 미8군 사령관이었고 낙동강 방어 전투를 성공적으로 지휘한 워커 장군의 외아들 샘 워커 대위는 미24사단 보병 중대장으로 6·25에 참전해 최전방에서 전투했습니다. 워커 장군이 1950년 12월 23일 교통사고로 갑자기 사망하자 맥아더 장군은 아들에게 아버지 유해를 모시고 귀국할 것을 지시했습니다. 워커 대위는 부대원들을 두고 혼자만 떠날 수는 없다며 버텼습니다. 결국, 맥아더 장군의 특별명령에 그는 귀국했고 한국으로 복귀하려 했으나 복귀는 못 했습니다.

제4대 미8군 사령관으로 취임한 벤플리트 장군은 결혼 후 13년 만에 얻은 외아들을 한국전에서 잃었습니다. 중위였던 아들이 전투 중에 전사했습니다. 벤플리트 장군은 아들 시신을 찾지 못했지만, 위험한 시신 수색작전을 중지하도록 명령했습니다. 장군의 품격이 빛나는 사건입니다. 이런 아름다운 전사(戰史)를 5시간 들었습니다. 그들이 실천한 "노블레스 오블리주"가 몹시 부러웠습니다.

노블레스 오블리주(Noblesse oblige)란 프랑스어로 "귀족이 지켜야 할 의무"란 의미입니다. 유럽 귀족들의 헌신은 유럽 사회를 지탱해 온 힘이라고 합니다. 역사적으로 보면 초기 로마 시대에 왕과 귀족들이 보여 준 투철한 도덕의식과 솔선수범 정신에서 노블레스 오블리주는 시작되었습니다. 근대와 현대에서도 영국 왕실과 미군 장군들이 보여주는 노블레스 오블리주는 온 세계의 본보기입니다.

우리 역사에도 노블레스 오블리주 정신이 있습니다. '100리 이내에는 굶는 사람이 없게 하라'는 경주 최씨 집안이나 가난한 서민의 먹거리를 침해하지 않도록 '뽕나무를 기르지 마라'고 했던 충청도 명재 집안이나 운조루(雲鳥樓)로 유명한 전남 구례의 유이주 집안 등등이 남기는 사연은 감동적인 노블레스 오블리주 정신입니다.

어느 선교대회에서 평생 열악한 선교 현장을 누빈 노(老) 선교사에게 누가 '무엇이 기나긴 세월 선교 활동의 힘이 되었나요?'라고 물었습니다. 망설임도 없이 '받았으니 돌려줘야 하지 않겠습니까?'라고 대답했습니다. 젊은 시절 좋은 직장 버리고 평신도 선교사로 헌신한 후 선교지에서 살았고, 안식년마다 공부하느라 젊음도, 건강도, 물질도 모두 바친 선교사의 고백이었습니다. 그는 '저는 영적 왕자로 노블레스 오블리주를 실천했습니다!'라며 한마디 보탰고 장내는 숙연해졌습니다.

선교는 왜 하는가? 하나님 자녀의 의무요 특권입니다. 선교는 왕 되신 하나님의 공주와 왕자로 스스로 인정하는 사람들이 평안과 풍요를 내려놓는 거룩하고 아름다운 노블레스 오블리주입니다. 지진을 만난 튀르키예, 전쟁을 만난 우크라이나, 가난으로 신음하는 저개발국 등등을 향한 노블레스 오블리주가 좀 더 힘차게 나타나기를 기도합니다.

백악관을 디딤돌로 만든 대통령

얼마 전 미국 39대 대통령을 지낸 지미 카터(Jimmy Carter)의 근황이 알려졌습니다. 피부암이 간과 뇌로 전이된 그는 병원 치료를 중단하고 집으로 돌아왔답니다. 남은 시간은 호스피스의 도움을 받으며 가족들과 함께 보내려는 것입니다. 가족들과 함께 남은 시간을 보내며 영원한 삶을 준비하는 듯합니다.

지미 카터는 조지아주 플레인이라는 작은 도시에서 태어

나 해군사관학교를 졸업하고 해군 장교로 복무했습니다. 그는 해군 생활을 짧게 했습니다. 부친이 별세하면서 땅콩농장을 이어받아 농부로 살았습니다. 정계에 입문해 조지아주 주지사 되었고, 주지사 재임 중에 대통령에 출마한 카터는 당시 현직 제럴드 포드 대통령을 이기고 당선되었습니다.

미국 보수 신앙인으로 신앙을 삶에 실천하는 지미 카터는 인기 없는 백악관 주인이었습니다. 어쩌면 신앙적 원칙을 고수한 지미 카터가 잔인한 정치판과 국제무대에서 고전을 면치 못한 것은 당연한 일이었는지도 모릅니다. 지미 카터는 재임 중에 유약하고 무능한 대통령으로 평가받았고, 재선에 실패했습니다. 레이건 대통령에게 패한 카터는 조지아주 플레인으로 귀향했습니다.

고향으로 돌아온 카터 대통령은 세상을 섬기는 일을 시작했습니다. 그가 시작한 일이 '사랑의집짓기운동' 즉 Habitat 운동이었다, 가난하고 집이 없어 소외된 사람들에게 집을 지어주며 사랑을 전하는 이 운동에 지미 카터는 헌신했습니다. 전직 대통령이 허름한 작업복을 입고 모자를 눌러쓰고 건축

자재를 나르며 봉사하는 모습은 지구촌 사람들을 감동하게 했습니다.

지미 카터는 '사랑의집짓기운동' 외에도 평화운동을 했습니다. 그는 분쟁지역을 방문해 조정하는 평화 대사의 역할을 했습니다. 카터 대통령은 여러 분쟁의 조정과 지구촌의 빈곤과 질병의 퇴치에 이바지한 공로를 인정받아 2002년 노벨 평화상을 수상했습니다. 지미 카터는 대통령 이후가 더 화려했던 유일한 미국 대통령이라고 합니다.

카이 버드(Kai Bird)는 뉴욕타임스(The New York times)에 기고한 글에서 카터의 탁월한 삶과 정치적 결단들을 유려하게 그려내고 있다. 카이는 '지미 카터가 (미국의 모든 정치인이 목표로 삼는) 백악관을 더 큰 삶을 위한 디딤돌로 사용한 유일한 대통령'이라고 주장합니다. 카이는 수년간 카터 대통령을 인터뷰했는데 카터는 90세가 지난 최근까지도 하루를 아침 7시에 시작할 만큼 왕성하게 활동했다고 합니다. 그는 최근까지 현역으로 살았습니다.

모두가 존경하는 지미 카터 대통령의 비결은 신앙의 원칙을 지킨 삶이다. 그는 자신이 출석하는 마라나타 침례교회에서 수십 년간 주일학교 성인반 교사로 봉사했는데 백악관 시절 외에는 이 자리를 늘 지켰다고 합니다.

카터의 위대함은 관록과 지위에 있지 않습니다. 그의 위대함은 그가 권좌에 연연하지 않음에 있습니다. 그에게는 백악관의 권좌가 디딤돌에 불과했습니다. 작은 명예와 지위에 전전긍긍하는 우리에게 카터는 딴 세상 사람입니다! 베드로는 "모든 육체는 풀과 같고 그 모든 영광은 풀의 꽃과 같으니 풀은 마르고 꽃은 떨어진다(벧전1:24)!"라고 했습니다. 곧 마르고 떨어질 것들을 붙잡고 아등바등하는 자신이 부끄럽습니다!